Les

EXERCICES
SPIRITUELS
ECK

Autres livres par Harold Klemp :

La parole de vie, tome 2
Le vent du changement
Ask the Master, Book 1
Ask the Master, Book 2
Child in the Wilderness
Soul Travelers of the Far Country
The Temple of ECK

The Mahanta Transcripts Series
[Série des Paroles du Mahanta]

Journey of Soul, Book 1
How to Find God, Book 2
The Secret Teachings, Book 3
The Golden Heart, Book 4
Cloak of Consciousness, Book 5
Unlocking the Puzzle Box, Book 6
The Eternal Dreamer, Book 7
The Dream Master, Book 8
We Come as Eagles, Book 9
The Drumbeat of Time, Book 10
What Is Spiritual Freedom? Book 11
How the Inner Master Works, Book 12
The Slow Burning Love of God, Book 13
The Secret of Love, Book 14
Our Spiritual Wake-Up Calls, Book 15

Des histoires qui vous aideront à voir Dieu dans votre vie

Le livre des paraboles ECK, tome 1
Le livre des paraboles ECK, tome 2
The Book of ECK Parables, Volume 3
Stories to Help You See God in Your Life, ECK Parables, Book 4

MAHANTA

Ce livre a été publié sous la supervision
du Mahanta, le Maître ECK Vivant,
Sri Harold Klemp, qui en est l'auteur.
Ces pages renferment la parole du ECK.

Les

EXERCICES
SPIRITUELS
ECK

HAROLD KLEMP

ECKANKAR
Minneapolis

Les exercices spirituels ECK

Imprimé aux É.-U.

Nos plus sincères remerciements à Myrtis Affeld, James Davis et Charlie Siegel pour tout l'amour qu'ils ont mis dans la réalisation de ce livre.

Colligé par Mary Carroll Moore
Corrigé par Joan Klemp et Anthony Moore

Illustrations du texte : Catherine Purnell
Photo du texte (page xiv) : Robert Huntley
Photo du plat verso : Robert Huntley

ISBN 1-57043-141-8

Avec nos remerciements tout particuliers aux bénévoles pour lesquels cette traduction a été un don d'amour.

Les exercices spirituels ECK contenus dans ce volume ont été rendus publics par le Mahanta, le Maître ECK Vivant, dans des livres, publications et lors de conférences données dans le cadre de séminaires. Cet ouvrage ne comprend pas les exercices particuliers proposés par le Maître ECK Vivant dans ses discours aux membres d'Eckankar.

∞ Imprimé sur papier satisfaisant aux normes minimales de l'American National Standard for Information Sciences—Performance of Paper for Printed Library Materials, ANSI Z39.48-1984.

Les exercices spirituels ECK constituent un bien précieux dont l'importance peut nous échapper parce qu'ils sont si simples à accomplir. En fait, ils sont le trait d'union qui vous relie à la parole de Dieu. Le Mahanta vous a remis cette clé afin d'accéder à des niveaux de conscience supérieurs.

—Sri Harold Klemp

Table des matières

Chapitre trois : La guérison et la protection

Chapitre quatre : Des exercices pour trouver l'équilibre et l'harmonie

Chapitre cinq : Comment résoudre les problèmes

Chapitre six : La Lumière et le Son de Dieu

Chapitre sept : L'autodiscipline

**Chapitre huit : Des techniques applicables
sans fermer les yeux**

**Chapitre neuf : Soyez maître de votre
destin**

Sri Harold Klemp lors du Séminaire ECK de l'été 1992 à Anaheim, Californie. En tant que Mahanta, le Maître ECK Vivant, il a pour mission d'aider autrui à trouver le moyen d'accéder à la liberté, à la sagesse et à l'amour grâce aux exercices spirituels d'Eckankar.

Avant-propos

Les enseignements ECK précisent la nature de l'Âme. Vous êtes Âme, c'est-à-dire une parcelle de Dieu envoyée dans les différents mondes, y compris sur la terre, pour acquérir une expérience spirituelle.

Sur la voie du ECK, l'objectif est d'accéder à la liberté spirituelle durant la présente existence, après quoi vous devenez un collaborateur de Dieu, ici et dans l'au-delà. C'est aussi une voie où le karma et la réincarnation représentent des croyances fondamentales.

Le Mahanta, le Maître ECK Vivant constitue le pivot des enseignements ECK, lui qui possède la capacité particulière de jouer le rôle de Maître intérieur et extérieur pour les étudiants ECK. Il est le prophète d'Eckankar auquel on accorde son respect, sans lui vouer de culte. Il enseigne la doctrine du HU, le nom sacré de Dieu qui vous élève spirituellement vers la Lumière et le Son divins, le ECK (l'Esprit saint). En pratiquant les exercices spirituels ECK, vous serez purifié et pourrez alors accepter dans votre existence tout l'amour que Dieu a pour vous.

Sri Harold Klemp incarne le Mahanta, le Maître ECK Vivant. Il a écrit quantité de livres, de discours et d'articles qui concernent la vie spirituelle, et bon nombre de ses causeries publiques sont offertes sur bandes audio et vidéo.

Ses enseignements élèvent notre conscience et nous aident à reconnaître et à comprendre nos expériences de contact avec la Lumière et le Son de Dieu.

Vous êtes un être unique. L'Âme, dans son essence et dans sa relation avec Dieu, est unique. Si vous êtes prêt, les exercices spirituels ECK pourront vous aider à trouver une manière d'aborder Dieu qui vous convienne.

Ces exercices spirituels vous permettent d'être guidé par l'Esprit saint que l'on peut percevoir sous forme de Lumière et de Son.

Chapitre premier

Introduction aux exercices spirituels ECK

Lorsque vous vous tournez vers Dieu à la recherche d'un chemin secret menant aux mondes célestes, un moyen vous est donné : les exercices spirituels ECK.

Ces exercices spirituels vous permettent d'être guidé par l'Esprit saint que l'on peut percevoir sous forme de Lumière et de Son. Le Son intérieur est la voix de Dieu qui nous rappelle à lui, tandis que la Lumière intérieure éclaire notre chemin comme un phare. Tous les exercices spirituels ECK reposent sur ces deux aspects divins de l'Esprit saint.

En devenant plus éveillés spirituellement, nous apprenons à vivre dans ce monde peu importe les événements qui surviennent. Les exercices spirituels nous indiquent comment nous comporter avec grâce, de l'enfance à l'âge adulte, et comment mener la meilleure existence qui soit.

Les exercices spirituels ECK nous donnent confiance. Nous apprenons que nous sommes une Âme et que nous sommes éternels. C'est alors que nous réalisons sans l'ombre d'un doute que nous vivrons éternellement et que la mort ne peut nous anéantir.

Vous pouvez accomplir les exercices spirituels de plusieurs façons. Habituellement, les lignes directrices que je donne vous aideront à acquérir la discipline nécessaire pour vous souvenir de vos expériences dans les mondes intérieurs.

Lorsque vous pratiquez les exercices spirituels ECK, remplissez-vous d'amour et de bonne volonté, puis dites : « Mahanta, je te confie mes expériences intérieures. Amène-moi à l'endroit qui convient le mieux à mon épanouissement à ce moment-ci. »

Si vous gardez un cahier à portée de la main, vous exercerez votre mémoire. Ce n'est pas facile, mais j'ai réussi à le faire. Forcez-vous à vous réveiller la nuit pour écrire une expérience. Au fur et à mesure que vous acquerrez l'habitude de vous rappeler vos expériences intérieures, vous pourrez les assumer avec plus de solidité.

Faites preuve de patience. Peu de personnes obtiennent un succès instantané ou des résultats prodigieux immédiats. Attendez-vous plutôt à constater des changements subtils et graduels dans votre façon de voir les choses au cours des semaines et des mois qui suivront. Une bonne façon d'en prendre conscience est de noter dans un cahier les moments inspirants, les réalisations ou les changements qui vous touchent.

Prenez l'exercice spirituel qui donnera les meilleurs résultats selon votre situation personnelle. Celui que vous choisirez importe peu, car votre but ultime est d'expérimenter la Lumière et le Son de Dieu.

Faites un exercice par jour pendant vingt minutes environ. Vous deviendrez peu à peu plus fort spirituellement. La clé du succès réside dans la pratique quotidienne et régulière.

1. Les rêves, le Voyage de l'Âme et l'amour

Il existe un grand nombre d'exercices spirituels ECK et chacun d'eux vous rend un peu plus réceptif à la Lumière et au Son de Dieu.

L'exercice spirituel suivant s'adresse à trois groupes de personnes différents : 1) ceux qui ne rêvent pas, mais le souhaiteraient, 2) ceux qui rêvent, mais veulent faire le Voyage de l'Âme et 3) ceux qui veulent aller au-delà des rêves et du Voyage de l'Âme et atteindre l'état de certitude immédiate. Cet exercice est tellement facile qu'il semblera offenser votre intelligence, ce qui n'est pas mon intention. La vérité est toujours simple.

Avant de vous coucher, asseyez-vous confortablement sur votre lit. Fermez les yeux et chantez HU très doucement ou silencieusement s'il y a une autre personne dans la pièce. HU, l'ancien nom de Dieu, est un mot bien particulier. On pourrait le définir comme la parole ou le Son manifesté, ayant un pouvoir qui lui est propre.

En prenant le temps de vous asseoir et de chanter HU, le nom de Dieu, vous vous engagez envers l'Esprit saint. Chantez HU en expirant lentement pendant trois, quatre ou cinq minutes, puis prenez le temps de vous détendre. Attendez ensuite quelques minutes avant de passer à l'étape suivante.

Ceux qui n'arrivent pas à se souvenir de leurs rêves doivent tout simplement chanter le mot *rêve* en épelant chaque lettre. Chantez à voix haute, une lettre à la fois, R-Ê-V-E, pendant cinq minutes environ, puis silencieusement quelques minutes encore avant de vous mettre au lit. En vous endormant, dites : « J'aimerais me rappeler un rêve spirituel significatif. » Par ce postulat, vous demandez que la vérité vous parvienne à l'état de rêve.

Certains d'entre vous voudront essayer le Voyage de l'Âme, lequel est habituellement un état de conscience plus avancé que l'état de rêve. Asseyez-vous encore une fois sur votre lit ou par terre, fermez les yeux et regardez dans votre oeil spirituel, soit le point situé juste au milieu et au-dessus des sourcils. Ne vous attendez pas à voir quoi que ce soit, chantez tout simplement HU, le saint nom de Dieu.

Ensuite, épelez l'expression *Voyage de l'Âme*, en chantant chaque lettre distinctement, V-O-Y-A-G-E D-E L'-Â-M-E. Répétez l'exercice environ trois fois à voix haute, puis trois fois silencieusement.

Ceux qui ont déjà fait le Voyage de l'Âme pourraient maintenant vouloir accéder à un niveau de conscience supérieur, celui de la certitude immédiate, sans passer par les étapes intermédiaires. Les rêves et le Voyage de l'Âme sont utiles et importants, mais à un moment donné, vous voudrez allez plus loin.

Chantez alors simplement les mots *amour divin*. Mon intention première était de vous donner le mot A-M-O-U-R, mais certaines personnes l'auraient sûrement confondu avec l'amour humain. Le mot *divin* va plus loin que l'amour humain. L'amour divin vous apporte toutes les formes d'amour, dont l'amour humain. En se limitant à la définition courante de l'amour, on travaille à partir du bas plutôt que du haut de l'échelle spirituelle.

Ainsi, si vous chantez A-M-O-U-R D-I-V-I-N, vous aspirez à une forme d'amour supérieure, celle qui vous comblera de bénédictions.

2. Comment écouter Dieu

Essayez cet exercice simple pour vous aider à voir et à entendre les deux aspects de Dieu, la Lumière et le Son.

Trouvez un endroit tranquille. Asseyez-vous ou étendez-vous confortablement. Fixez votre attention sur votre oeil spirituel, soit le point situé au-dessus et en retrait des sourcils. Fermez doucement les yeux et commencez à chanter un mot sacré comme HU, Dieu, Esprit saint, ou une oraison jaculatoire telle que « Montre-moi tes voies, Ô Seigneur ». Remplissez votre coeur d'amour avant de vous approcher de l'autel de Dieu, car seuls les purs peuvent y venir.

Soyez patient. Faites cet exercice pendant plusieurs semaines, mais pas plus de vingt minutes chaque fois. Asseyez-vous, chantez et attendez. Dieu ne parlera que lorsque vous pourrez écouter.

3. La pause spirituelle

Si au cours de la journée vous avez besoin d'un peu de réconfort, affirmez que vous êtes un canal divin. Vous pourrez ainsi venir à bout de bien des situations.

Si vous désirez vous rapprocher du ECK, dites : « Je suis un canal pour le Sugmad, le ECK et le Mahanta », puis commencez votre journée dans la joie. Sachez que tout se réalisera comme il se doit.

Si les problèmes semblent insurmontables, vous pouvez aussi fermer les yeux un instant et imaginer que vous prenez une douche spirituelle dans une lumière dorée, la Lumière du ECK. Imaginez aussi que ce flot de Lumière vous inonde et que vous vous abandonnez à l'amour divin.

Rappelez-vous qu'il est possible de surmonter les plus grandes épreuves, en vivant un moment à la fois.

4. Savoir reconnaître les bénédictions du ciel

Un haut initié ECK souhaitait devenir plus réceptif à l'amour. Il m'a demandé si je connaissais une technique particulière pour s'abandonner davantage afin d'y parvenir.

Cette technique existe, mais contrairement aux autres exercices spirituels, elle n'a ni commencement ni milieu ni fin. Elle concerne l'attitude, un état d'esprit à développer. En un mot, je veux parler de la *gratitude*.

Tout au long de la journée, méditez sur toutes les bénédictions que vous avez reçues dans votre vie. Le pouvoir de la gratitude ouvre le coeur et l'amour peut alors y pénétrer. Après avoir obtenu cet amour et reçu les cadeaux de l'Esprit divin et de l'existence, manifestez de la gratitude pour en recevoir constamment.

5. Montre-moi l'amour

Si vous ignorez tout des enseignements ECK, la prière pourrait constituer à ce moment-ci votre principal moyen de communication avec Dieu. Si vous désirez sincèrement connaître la vérité, découvrir qui vous êtes et les raisons de votre présence ici-bas, demandez à Dieu dans vos prières : « Montre-moi la vérité. »

Si votre coeur est pur, cette vérité se manifestera dans votre vie, mais peut-être pas de la façon dont vous vous attendez. Elle pourrait prendre la forme d'un livre reçu en cadeau ou d'une conversation avec une personne vous indiquant le petit pas à faire avant de franchir l'étape suivante.

En priant Dieu, dites simplement : « Je veux connaître la vérité » ou « Seigneur, accorde-moi la connaissance, la sagesse et la compréhension », mais la plus belle chose que vous pourriez demander serait celle-ci : « Seigneur, donne-moi l'amour. »

La connaissance, la sagesse et la compréhension sont des attributs divins, mais lorsque vous avez l'amour, vous avez tout. Notre quête porte d'abord sur ce qu'il y a de plus noble, de plus divin et de plus sacré, c'est-à-dire notre propre être intérieur. Nous obtenons alors les attributs de Dieu et la libération spirituelle, ce qu'aucune forme de baptême ne pourra jamais apporter.

Lorsque vous demandez avec un coeur pur à connaître la vérité, l'Esprit saint vous donne le moyen de vous rapprocher davantage de Dieu.

6. Utiliser simultanément la contemplation et les rêves

En utilisant simultanément la contemplation et les rêves, on peut atteindre facilement des niveaux de conscience supérieurs. Trouvez un endroit tranquille pour faire une contemplation.

Fermez les yeux et, pendant quinze à vingt minutes par jour, fixez votre attention sur l'oeil spirituel, cet organe de la vision intérieure qui se trouve entre les sourcils, à environ quatre centimètres à l'intérieur du front.

Regardez un écran imaginaire situé entre vos sourcils et commencez à chanter paisiblement *Jésus, Dieu, HU* ou *Mahanta*. *Wah Z* convient aussi.

Essayez de voir une Lumière bleue sur votre écran intérieur. Il s'agit de la Lumière de Dieu. Si vous ne voyez pas de Lumière, peut-être entendrez-vous un Son. Le Son est une autre manifestation du ECK ou de l'Esprit saint. Il peut prendre la forme de n'importe quel bruit de la nature ou de toute musique instrumentale que vous pouvez imaginer. Lorsque la Lumière ou le Son apparaît, vous êtes en communication avec la parole divine.

La seconde partie de cet exercice s'accomplit à l'état de rêve. Avant de vous endormir, chantez l'un des mots mentionnés ci-haut, cela vous rapprochera du Courant sonore, de l'Esprit saint. Chantez le mot que vous avez choisi pendant quelques minutes. Lorsque vous êtes sur le point de tomber endormi, imaginez que vous marchez dans un parc ou observez un coucher de soleil serein en compagnie d'une personne que vous aimez. La présence d'une personne chère ouvre le coeur et dissipe la peur. Vous devez être rempli d'amour avant de passer à l'état de rêve éveillé.

Finalement, écrivez dans un journal ce qui vous vient à l'esprit pendant la contemplation et à l'état de rêve. Les deux techniques expliquées précédemment permettront d'établir un lien de confiance entre le moi intérieur et le moi extérieur.

Voilà une bonne façon d'aborder les enseignements ECK sur les rêves.

Vos expériences vous conduiront à une conscience élargie de votre existence et de sa signification spirituelle.

Chapitre deux

Les exercices relatifs aux rêves

7. Inviter le Maître des Rêves

Le Maître des Rêves, qui est en fait le Maître ECK Vivant, ne travaillera pas avec le rêveur à moins d'y avoir été invité d'une façon quelconque.

Avant de vous endormir, accordez intérieurement au Maître des Rêves la permission de vous accompagner. Imaginez que vous vous débarrassez d'un fardeau en lui confiant vos problèmes, laissant votre esprit libre de toute préoccupation et inquiétude. Demandez au Maître des Rêves de vous aider à dénouer les liens karmiques qui nuisent à votre développement spirituel.

Puis endormez-vous, sachant que vous reposez dans les bras du Maître des Rêves qui veillera à votre bien-être.

8. La coupe d'or

Chaque soir au coucher, représentez-vous une coupe d'or posée près du lit et destinée à être remplie par les expériences que vous vivrez en rêve. Le matin au réveil, buvez-en le contenu en imagination ou lors de votre contemplation. Vous absorbez alors ce nectar d'expériences, signifiant de la sorte votre détermination à vous rappeler ce que vous faites sur les plans intérieurs quand votre corps est endormi.

La coupe d'or représente l'Âme, c'est-à-dire vous-même. Au fur et à mesure que vous vous appliquez à en boire le contenu, elle commence à vivre de sa vie propre. Plus la coupe se remplit et se vide par l'action du ECK, plus l'Âme rayonne de sa propre lumière dorée. L'Âme que vous êtes devient ainsi un véhicule de plus en plus lumineux pour l'Esprit saint.

Vos expériences vous conduiront donc à une conscience élargie de votre existence et de sa signification spirituelle.

9. Le dictionnaire de vos rêves

Au cours des périodes importantes de ma vie, l'un des symboles oniriques que je voyais souvent était un terrain de baseball de grandeur normale. Lorsque tous les éléments sur le terrain étaient alignés ou placés selon les règles, c'est-à-dire quatre buts à distance égale, un lanceur, un frappeur et deux équipes adverses, tout allait bien dans ma vie.

Mais parfois la distance entre les buts était inégale, la ligne des buts ne formait pas un carré parfait ou la balle que je frappais éclatait et la bourre volait en tout sens. Ou encore je devais courir dans les bois pour atteindre le premier but, le deuxième but pouvait être plus rapproché qu'à l'habitude et le troisième se trouver dans une toute autre direction. En d'autres mots, tout allait de travers dans le jeu.

Après un tel rêve, je me rendais souvent compte qu'un aspect de ma vie extérieure n'était pas harmonieux. Il était devenu ennuyeux et ne m'apportait plus aucun plaisir.

Cela voulait dire que je devais réfléchir et réorganiser les choses autrement. En d'autres mots, trouver le moyen de ravoir un véritable terrain de baseball avec l'espace approprié entre les buts, le bon nombre de joueurs dans chaque équipe et ainsi de suite.

Créer un dictionnaire de rêves peut vous

aider à vous familiariser avec vos propres symboles oniriques. Qu'il s'agisse d'un terrain de baseball, d'un ours, d'un aigle ou d'un autre objet, vous saurez immédiatement ce que ce symbole représente pour vous.

Dressez à la fin de votre journal des rêves une liste des symboles que vous rencontrez dans votre univers onirique. Tout en constituant votre propre dictionnaire, indiquez également une date à côté de la signification de chaque symbole. Vous pourrez alors suivre leur évolution, car en progressant spirituellement, ils prendront un sens différent. En règle générale, ceux qui étudient les rêves ignorent ce fait.

10. La porte de l'Âme

La porte de l'Âme s'ouvre de l'intérieur. Vous ne réussirez pas à l'ouvrir en poussant du mauvais côté. C'est pour cette raison que les exercices spirituels ne doivent pas dépasser vingt à trente minutes à la fois.

Pratiquez tour à tour les deux exercices suivants afin d'expérimenter la Lumière et le Son de Dieu ou de rencontrer le Maître intérieur :

1. Comptez lentement à rebours de dix à un, puis imaginez que vous vous tenez à côté de votre corps physique endormi. Pratiquez cet exercice pendant quelques semaines. Vous pouvez aussi réciter les lettres de l'alphabet en partant de J jusqu'à A.

2. Utilisez la deuxième méthode lorsque votre contemplation est terminée et que vous êtes sur le point de vous coucher. Dites intérieurement au Maître des Rêves, le Mahanta : « Je te donne la permission de m'amener dans le Pays lointain, à l'endroit qui me convient le mieux pour l'instant. »

Puis endormez-vous sans plus y penser. Cette directive débloquera l'inconscient afin que l'esprit humain se souvienne des expériences de l'Âme.

Gardez un cahier près de vous afin de prendre des notes.

Souvenez-vous que la vie spirituelle se déroule sans pression. Lorsque le ECK est à l'oeuvre dans votre existence, il est inutile de faire pression sur le cours des événements.

11. Apprendre à s'abandonner

Pendant votre contemplation, offrez-vous comme canal d'amour pour le Sugmad (Dieu), le ECK et le Mahanta. Chantez HU doucement pendant quelques minutes. Vous pourriez entendre le Son sous forme de bourdonnement ou de vibration semblable au courant électrique. Ce n'est que l'un des nombreux sons de l'Esprit saint.

Si le Son est trop fort et que vous l'entendez toujours après la contemplation, vous rendant agité et incapable de dormir, demandez au Maître des Rêves : « Comment puis-je m'abandonner au Son de Dieu ? »

Imaginez le Maître des Rêves vous dire qu'il vous enseignera comment vous abandonner à l'état de rêve ce soir-même. Il vous demandera d'abord de calmer vos pensées, puis de répéter intérieurement la phrase suivante : « Je m'abandonne au ECK. »

À votre réveil, écrivez vos rêves et utilisez-les comme sujets de contemplation. Qu'avez-vous appris au sujet de l'abandon ?

12. Rêver consciemment

Essayez la technique suivante pour aller consciemment dans un autre monde ou sur un plan supérieur à l'état de rêve.

Avant de vous endormir, fixez votre attention sur le Maître ECK Vivant, puis à l'état de rêve, pensez de nouveau à lui. Il vous apparaîtra alors sous la forme du Maître des Rêves.

Dans votre rêve, observez un objet solide qui se trouve dans la pièce où vous êtes. Tout en vous concentrant sur cet objet, dites mentalement : « Je m'éveille dans mon rêve. » Vous allez alors vous élever comme si vous passiez à travers les voiles de la conscience. Vous vous déplacerez dans un monde nouveau qui sera aussi réel que le plan physique.

Si vous ne réussissez pas en rêve à vous concentrer sur l'objet en question, vous vous enfoncerez dans les mondes oniriques et vous réveillerez tout naturellement.

Tout en rêvant, vous pouvez aussi être un témoin silencieux, observant les autres jouer leur rôle comme si vous regardiez un film. Vous pouvez apprendre à démarrer ou arrêter un rêve, à l'éclaircir ou à l'assombrir et à le voir en couleurs ou en noir et blanc.

Une autre façon de rêver consciemment est de s'apercevoir du moment où l'on tombe endormi chaque soir. Tentez de saisir l'instant précis où vous pénétrez dans ce vaste univers onirique.

Avec un peu de pratique, vous réussirez à demeurer dans un état de conscience éveillé, tout en laissant votre corps se reposer sans aucune crainte. Vous pourrez alors passer d'un niveau de rêve à un autre, tout en demeurant conscient.

On se demande souvent quoi faire si on rêve consciemment ou si on est dans un autre monde et que l'on veuille retourner dans son corps physique. La réponse est simple : sentez que vous êtes dans votre corps physique et cela se produira instantanément.

13. Les personnages de vos rêves

Les personnages humains jouent des rôles prépondérants dans la plupart des rêves. Il s'agit souvent de personnes que nous côtoyons tous les jours et qui, dans plusieurs cas, représentent autre chose qu'elles-mêmes.

Bon nombre de rêveurs peuvent découvrir leurs propres sentiments ou pensées à l'égard d'une personne en étudiant les paroles et les actions du personnage onirique.

Si vous souhaitez utiliser cette technique, écrivez dès votre réveil non seulement le rêve mais aussi vos pensées et vos sentiments qui l'entouraient et ceux des personnes que vous y avez rencontrées.

14. Obtenir des réponses en rêve

Rendue à un certain niveau, l'Âme sait tout. Si vous désirez comprendre une certaine situation, voici un moyen d'y parvenir.

Avant de vous endormir, détendez-vous et décidez qu'à votre réveil vous aurez la réponse à votre question.

En vous réveillant, la réponse se trouvera dans vos toutes premières pensées. Lorsque vous passez à l'état de sommeil ou d'éveil, vous êtes réceptif à la vérité et en communication directe avec elle. C'est à ce moment-là que la réponse vous parvient.

Notez-la immédiatement dans votre journal des rêves.

À chaque situation que nous rencontrons est rattachée une réponse. Il y a toujours une solution, quelle qu'elle soit, mais parfois nos attitudes nous empêchent d'y voir clair.

Réalisez l'importance de pratiquer un exercice spirituel avant de vous endormir ou à votre réveil. Cela vous sera profitable, car vous êtes alors à la frontière de deux états de conscience.

15. La technique des méthodes numériques

Comme bon nombre d'ECKistes, il m'arrivait de constater qu'en contemplation ou à l'état de rêve j'avais eu une expérience dans les mondes intérieurs. Je me suis souvent demandé *quoi faire pour reconnaître le plan (astral, causal ou mental) sur lequel cette expérience s'était déroulée.*

Je savais qu'il existait une différence entre ces niveaux, mais la plupart du temps j'ignorais où cela s'était passé.

Une nuit, le Maître ECK Peddar Zaskq m'a enseigné une technique. « Cela fonctionne comme le laissez-passer d'un visiteur pour les autres mondes, m'a-t-il dit, n'importe qui peut l'utiliser, que vous soyez premier ou quatrième initié. Au lieu de vivre béatement l'expérience en espérant qu'une main secourable vous montrera un écriteau indiquant où vous êtes, vous aurez alors un moyen de savoir à quel endroit vous vous trouvez dans les mondes intérieurs. »

La méthode deux est utilisée pour visiter le plan astral. Il s'agit de chanter HU deux fois, puis de prendre deux respirations. Répétez cet exercice pendant quinze minutes avant de vous coucher ou lors de votre contemplation. Gardez simplement à l'esprit que vous voulez visiter le plan astral.

La méthode trois vous permet d'accéder au plan causal. Procédez de la même manière, sauf que vous devez chanter HU trois fois et prendre trois respirations. Le germe des idées et la source du karma se trouvent sur ce plan. En vous endormant, essayez de vous concentrer légèrement sur le plan causal.

La méthode quatre se rapporte au plan mental. Chantez HU quatre fois, puis prenez quatre grandes respirations. La méthode cinq vous conduit au plan de l'Âme. À nouveau, faire cinq HU suivis de cinq respirations.

Avant de commencer, notez dans votre journal des rêves la méthode choisie. Si cet exercice donne des résultats, comparez alors toutes les expériences vécues sur le même plan et voyez s'il existe un lien entre elles. Vous constaterez que les expériences du plan astral ont une texture différente de celles du plan causal où sont emmagasinées les vies passées que vous essayez de voir.

Cette technique m'a beaucoup aidé. Peut-être aimeriez-vous l'essayer ce soir même ou au cours des prochaines semaines.

16.   Le journal des rêves

Écrire simplement est la première règle à suivre pour tenir un journal des rêves. Rendre des idées complexes en langage de tous les jours n'est pas facile. Un rêve peut comporter tellement de détails que sa signification pourra vous échapper.

Afin de surmonter cette difficulté, écrivez le rêve en entier, puis mettez-le de côté. À la fin du mois, choisissez les expériences intérieures qui ressortent et résumez-les. Faites semblant de travailler comme rédacteur de condensés pour le *Reader's Digest*.

Rassemblez vos expériences les plus intéressantes et envoyez-en le compte rendu au Maître ECK Vivant. Si vous êtes un initié ECK, il pourrait s'agir de votre rapport d'initié. Vous résoudrez ainsi facilement votre karma.

17. Le temps d'une sieste

Vous pouvez entreprendre l'étude de vos rêves tout en faisant une sieste. Lorsque vous vous sentez fatigué, allongez-vous en réglant la sonnerie du réveil vingt minutes plus tard. Gardez un cahier de notes tout près qui servira de journal où consigner vos rêves.

Pensez au Mahanta, le Maître ECK Vivant, tout doucement, d'une manière plutôt indirecte.

Dites intérieurement que votre sieste sera reposante et qu'à votre réveil vous vous souviendrez un peu de ce qui s'est passé dans les autres mondes. Puis endormez-vous.

Lorsque le réveil sonnera, notez ce qui vous vient à l'esprit, même si cela semble ridicule. Avec le temps, vous approfondirez votre étude des rêves. Cette méthode est facile à pratiquer même si vous consacrez beaucoup de temps à votre famille.

18. Un voyage dans l'océan de lumière

En vous couchant ce soir, fermez les yeux et localisez votre oeil spirituel. Il se trouve juste au milieu et au-dessus de vos sourcils. Essayez très doucement de voir la Lumière, laquelle peut prendre différentes formes.

Vous pourriez tout d'abord n'apercevoir qu'une lueur vague et penser qu'il s'agit de votre imagination, ou encore voir de petits points bleus, un rayon de lumière ou un faisceau lumineux émanant du soleil et passant au travers d'une fenêtre ouverte. Une lumière blanche peut aussi apparaître de diverses façons.

En regardant la Lumière, chantez votre mot secret ou HU, le nom de Dieu, dont le pouvoir est plus grand que le mot *Dieu* utilisé par un grand nombre de personnes. Voyez cette Lumière se transformer en un océan de lumière. Cherchez le petit bateau qui se dirige vers le rivage tout près de l'endroit où vous vous trouvez. Le Mahanta ou un des Maîtres ECK tiendra le gouvernail et vous invitera à monter à bord. N'ayez pas peur, embarquez.

À ce point-ci, laissez-vous aller, ne limitez d'aucune façon l'expérience qui sera vôtre. Vous pourriez vous retrouver soit dans une salle de jeux électroniques, soit dans un Temple de Sagesse d'Or ou près de celui-ci, ou encore percevoir la Lumière et le Son de Dieu qui se manifestent directement à l'Âme.

19. Mahanta, je t'aime

L'exercice spirituel suivant peut être fait au moment de vous endormir et en chantant intérieurement HU ou votre mot personnel.

Commencez par un postulat simple, comme une phrase claire et facile telle que « Mahanta, je t'aime ». Puis chantez doucement HU au fond de votre pensée comme si vous étiez spirituellement branché sur un pilote automatique, ce qui ne veut pas dire laisser ce chant devenir une répétition mentale vide de sens. Vous demeurez plutôt conscient du fait que le HU vibre réellement à l'intérieur de vous.

Si vous vous réveillez au milieu de la nuit, vous pouvez retremper votre conscience dans le spirituel en pensant brièvement au Mahanta, même pendant une ou deux secondes.

Si vous agissez ainsi, c'est parce que vous aimez Dieu. Vous aimez la partie divine de votre être. Vous devenez alors amoureux de la vie, paisiblement et avec discrétion.

20. Observez la façon de vous endormir

Chaque soir avant de vous mettre au lit, détendez-vous et observez la façon de vous endormir. Centrez votre attention sur l'oeil spirituel, qui se trouve entre vos sourcils.

Au fur et à mesure que le corps se détend et que l'esprit se calme, votre point de vue change, ce qui correspond à l'endormissement. En demeurant conscient, vous remarquerez que votre corps et vos pensées s'apaisent. L'ouïe est souvent la dernière faculté à quitter la conscience humaine. Vous serez détaché, à la frontière de deux mondes, comme dans un rêve.

Vous parviendrez à un autre état d'être caractérisé par une vision mentale claire. Il ne s'agit pas d'une forme d'inconscience où tout est embrouillé, mais plutôt d'un niveau de perception dépassant ce que le genre humain atteint habituellement.

Vous pourriez rester dans cet état un instant ou plusieurs heures et, avec un peu de pratique, toute la nuit.

Afin de demeurer lucide, essayez de maintenir un équilibre subtil entre ne pas devenir trop émotif et ne pas oublier que vous rêvez.

Que s'est-il passé ? Pendant que votre corps se reposait, vous vous êtes éveillé dans l'Atma

Sarup, l'enveloppe de l'Âme, en face de l'éternité, ayant vaincu la mort. Voilà la liberté dont il est si souvent question sur la voie d'Eckankar.

21. Les rêves concernant les séminaires

Il vous arrivera parfois de travailler intérieurement dans des endroits ressemblant beaucoup aux séminaires d'Eckankar et d'y être hôte, par exemple.

Vous servez le ECK par amour et agissez aussi par amour pour la Lumière et le Son de Dieu dont vous êtes rempli.

Si vous voulez assister à un séminaire d'Eckankar sur les plans intérieurs, faites l'exercice suivant. Avant de vous endormir, imaginez pendant votre contemplation tous les détails possibles concernant le séminaire grâce à ce que vous avez lu dans le dépliant de préinscription. Imaginez que vous êtes sur les plans intérieurs et dites : « Je me vois en compagnie de mes amis au séminaire ECK. Je suis assis dans la salle, en train d'écouter la conférence du Maître. »

Si vous désirez consciemment servir le ECK de cette façon, dictez une directive intérieure avant de vous endormir, puis faites confiance à l'Esprit saint.

La Lumière de Dieu qui guérit commencera à vous libérer du matérialisme et du karma que vous vous êtes créé par ignorance des lois divines.

Chapitre trois

La guérison et la protection

22. Comment utiliser la lumière pour guérir

Vous pouvez utiliser deux sortes de lumière pour obtenir une guérison en pratiquant vos exercices spirituels : la lumière orange et la lumière bleue. Essayez-les. Certains d'entre vous obtiendront d'excellents résultats avec ce moyen de guérison, tandis que pour d'autres il serait préférable de consulter un médecin. Tout dépend de vous.

La lumière orange agit surtout sur le corps physique. Faites votre contemplation comme d'habitude, assis ou étendu. Fermez les yeux et grâce au pouvoir de votre imagination, c'est-à-dire la force divine ou la capacité de vision de l'Âme, visualisez la Vague de vie audible. Elle est en fait la Lumière de Dieu, pure et blanche, amalgame de toutes les couleurs.

Imaginez maintenant un rayon jaillissant de cette lumière, comme si un prisme la décomposait en un spectre de couleurs.

Le rayon orange que vous voyez guérit le corps physique. Les yeux fermés, imaginez ce flot orange vous inonder. Laissez-le se répandre dans la partie malade, souffrante ou blessée de votre corps pendant vingt minutes.

Vous ne devez utiliser cette technique de guérison que pour vous-même et ne jamais projeter de lumière orange sur les autres.

La lumière bleue est une autre forme de guérison s'adressant aux corps astral, causal, mental et éthérique, soit les corps intérieurs appartenant aux mondes psychiques, situés en deçà du plan de l'Âme.

Cette technique ressemble à celle de la lumière orange et je réitère mon avertissement : ne l'utilisez que pour vous-même, jamais pour autrui.

Fermez les yeux et visualisez une lumière bleue, la Lumière bleue du Mahanta, pénétrer votre coeur. La conscience Mahanta est l'état de conscience le plus élevé que l'homme connaisse. Ainsi, la lumière bleue sert à calmer et à guérir l'être intérieur, c'est-à-dire vos émotions et votre intellect. Si vous utilisez cette technique, prenez beaucoup de repos.

La lumière bleue ne provient pas des éthers émanant d'une source externe, mais bien de vos propres mondes divins. Vous pouvez vous en rendre compte vous-même.

Laissez la Lumière de Dieu qui guérit vous pénétrer et agir sur la partie que vous voulez soigner. Vous pouvez aussi la laisser inonder votre oeil spirituel. Elle nettoiera les impuretés et commencera à vous libérer du matérialisme et du karma que vous vous êtes créé par ignorance des lois divines.

La véritable guérison spirituelle traitera d'abord la cause spirituelle sous-jacente aux symptômes que votre corps manifeste. Vous devez savoir qu'en utilisant la lumière orange, aucune guérison miraculeuse ne se produira, comme

La guérison et la protection

des membres redevenant normaux ou autre phénomène semblable, mais vous pourriez découvrir un meilleur médecin.

23. La montagne de lumière

Essayez la technique suivante, si vous sentez le besoin d'être protégé spirituellement. Au moment de vous coucher, fermez les yeux et imaginez qu'une montagne de lumière gigantesque se dresse devant vous et que la plus ravissante mélodie de la Vague de vie audible se fait entendre.

Imaginez ensuite que vous marchez le long d'une allée menant à une porte immense protégeant l'entrée du flanc de la montagne. Le matériau dont la porte est fabriquée peut résister à une explosion thermonucléaire.

Fermez la porte derrière vous. Remarquez comme elle tourne facilement sur ses gonds malgré ses dimensions imposantes et sa construction massive. Une fois que vous êtes bien en sécurité à l'intérieur de la fortification, verrouillez la porte solidement. Cadenassez-la bien, poussez les verrous et laisser tomber en place la barre de sûreté. Puis retournez-vous et avancez dans les mondes de Lumière et de Son.

Dans les situations particulièrement périlleuses, n'hésitez pas à imaginer plusieurs enceintes à l'intérieur même de l'entrée, chacune étant défendue par une porte énorme, vous mettant à l'abri des dangers nocturnes.

Sachez que la porte assurant votre protection est faite du ECK même et que rien ne peut la traverser !

Je peux vous aider, à la condition que vous m'écoutiez. Rien ne peut vous blesser spirituellement, à moins que vous ne le permettiez.

24. La salle des sons

En contemplation, imaginez que vous êtes dans les mondes subtils en compagnie de Wah Z, le Maître intérieur. Il vous amène alors dans une salle située dans un magnifique Temple de Sagesse d'Or en vous disant : « Voici la salle des sons. Aimerais-tu être guéri par le son ? » Ce à quoi vous acquiescez.

Il vous demande de monter sur la table de pierre qui se trouve au centre de la pièce. Une fois étendu, les Courants sonores ECK commencent à masser vos corps intérieurs, ce qui a pour effet de les relaxer, puis d'amorcer la transformation. Après un certain temps, vous sentez que le Courant sonore vous soulève vers le plafond. Vous passez par une petite ouverture donnant sur les mondes supérieurs, là où le Courant sonore est beaucoup plus subtil.

Sentez que vos problèmes ou la douleur vous quittent progressivement jusqu'à ce qu'ils disparaissent, puis mettez fin à votre contemplation.

Lorsqu'une guérison a lieu, vos corps intérieurs s'équilibrent, mais cela peut prendre un peu de temps avant que le corps physique ne le ressente. Votre existence ne deviendra pas plus facile du jour au lendemain, mais vous connaissez désormais la salle des sons à l'intérieur du Temple de Sagesse d'Or. Vous pouvez demander d'y aller chaque fois que vous en éprouvez le besoin.

25. Comment avoir confiance en soi

Si la véritable force de votre caractère est minée par un manque de confiance, utilisez la technique suivante pour devenir sûr de vous.

Essayez tout d'abord de trouver les endroits dans votre aura ou votre personnalité où l'embarras, la gêne, la timidité ou une trop grande sensibilité se sont logés. Ces faiblesses ont tendance à attirer vers vous les personnes qui s'imposent. Ordonnez-leur mentalement de s'écarter de votre chemin et de vous traiter avec respect.

Créez ensuite les qualités ou les traits de caractère contraires pour remplacer ces inhibitions. Armez-vous d'un courage indomptable de sorte que l'on ressente la force bénéfique que vous dégagez en entrant dans une pièce.

Adoptez l'attitude mentale et manifestez le magnétisme d'une personne sûre d'elle. Soyez toujours direct et constructif dans votre façon d'aborder les choses. Mettez toute votre force spirituelle dans votre sourire, vos réponses et vos pensées.

26. Comment être fort spirituellement dans les moments difficiles

Tant dans les périodes difficiles que dans les moments heureux, où que vous soyez et quoi que vous fassiez, vous n'avez qu'à penser au Mahanta pour savoir que le Maître est avec vous.

Le présent exercice spirituel, qui consiste à fixer votre attention sur le Mahanta, vous aidera à acquérir de l'assurance lorsque vous deviendrez haut initié et finalement Maître ECK. Vous posséderez alors tout ce qu'il faut pour aller n'importe où dans la vie, sur terre ou dans les mondes divins.

Chantez HU, le nom particulier de Dieu. En chantant HU, vous acceptez que l'Esprit saint agisse dans votre intérêt. Cela ne garantit aucune guérison, mais vous serez placé dans des situations qui favoriseront votre développement spirituel.

27. Un moyen de défense contre la magie noire

En Afrique, les forces de la magie noire s'avèrent très puissantes. Des ECKistes qui y vivent m'ont donc demandé comment ils pouvaient devenir solides afin qu'aucun suppôt du Kal, le pouvoir négatif, ne puisse leur faire de mal.

Premièrement, évitez les conflits et ne mettez pas en colère ceux qui possèdent de tels pouvoirs. Toutefois, si les puissances des ténèbres vous attaquent, focalisez toute votre attention sur le Mahanta et chantez HU. Voyez la lumière brillante qui vous entoure et qu'aucune force du mal ne peut transpercer. Sachez que le Mahanta est à vos côtés sous forme d'une Lumière bleue.

Étudiez ce que *Le Shariyat* enseigne sur la façon de vaincre les forces de l'ombre. Il est important de savoir quelles émotions leur ont permis de vous attaquer.

Souvenez-vous toujours que le pouvoir du ECK surpasse toutes les forces des mondes inférieurs. Seul celui qui s'entoure de la présence du Mahanta et sait qu'il est avec lui sera en sécurité.

28. Des moyens pour se protéger

Voici quelques moyens qui vous permettront de repousser une attaque psychique :

1. Fermer consciemment la porte de ses émotions à l'intrus. Ne garder à la maison aucune photographie ni aucun souvenir de la personne indésirable.

2. Chanter constamment HU ou le mot secret de l'initié.

3. Se battre avec l'agresseur dans les mondes intérieurs et le chasser au moyen d'un art martial ou avec une arme quelconque.

4. Prendre beaucoup de repos tous les soirs.

Selon l'ancienne loi de la protection, rien ne peut nous toucher à moins que nous le permettions. Les victimes d'attaques psychiques doivent décider de suivre le seigneur de la Lumière et du Son ou celui des ténèbres.

Lorsque l'on hésite, le courant d'énergie qui circule en nous se divise. On m'a rapporté que des personnes avaient eu une crise cardiaque parce qu'elles s'étaient laissé déchirer par des passions contradictoires. Oubliez le culte de Moloch, c'est-à-dire le culte de la personnalité, car le prix à payer est trop grand.

29. S'offrir comme canal

Pour vous protéger, la formule suivante pourrait être utile :

Je m'offre comme canal pour le Sugmad.

Attendez un petit moment et sentez la force bien particulière du courant du Sugmad vous pénétrer.

Je m'offre comme canal pour le Sugmad et le ECK.

Laissez la vague du ECK vous remplir l'Âme pendant quelques instants. Vous sentirez alors une onde toute différente vous traverser.

Je m'offre comme canal pour le Sugmad, le ECK et le Mahanta.

À nouveau, vous serez rempli d'une autre forme d'énergie, celle-ci joyeuse et légère comme un agnelet gambadant au son de la musique.

Ce niveau de conscience peut faciliter vos rapports quotidiens avec autrui, tout en laissant les principes supérieurs du ECK et du Sugmad vous guider.

Commencez alors la journée en toute confiance, car le Mahanta est toujours avec vous.

30. Comment retrouver l'harmonie

Lorsque quelqu'un vous rend la vie difficile au travail, chantez simplement HU intérieurement. Laissez l'autre personne donner libre cours à sa colère et observez la façon dont le ECK réglera la situation.

Vous saurez quoi dire ou ne pas dire, quand parler ou demeurer silencieux, quand et comment vous tenir loin d'elle ou s'il sera nécessaire de vous adresser à son chef de service pour qu'elle vous laisse tranquille.

Dans de telles situations, n'hésitez pas à chanter HU pour devenir un canal divin. N'utilisez pas le HU pour modifier le niveau de conscience d'autrui, mais bien pour vous protéger.

Le HU vous revêt d'une chape de lumière blanche de sorte que toutes les méchancetés qu'on vous décoche doivent retourner à leur auteur. La personne qui vous attaque se trouvera tellement prise par ses propres problèmes qu'elle n'aura plus le temps de s'en prendre à vous.

31. L'image du Maître ECK Vivant

Placez l'image du Maître ECK Vivant en face de vous sur votre écran intérieur. Imaginez que tout ce qui émane de vous, pensées, paroles, actions et sentiments, doit passer à travers cet écran et qu'inversement, tout ce qui vient vers vous doit être filtré par l'image du Maître.

Un chela qui a pratiqué cet exercice m'a écrit pour me dire : « On m'avait donné une tâche à accomplir au bureau et au bout de deux heures, j'étais tout tremblant et énervé. C'est alors que je me suis souvenu de garder votre image en tête et vous laisser agir à ma place. J'ai fini mon travail en moins de trente minutes et lorsque j'ai mis les documents sur le bureau de mon patron, il m'a félicité pour mon efficacité et ma diligence. »

L'image du Maître ECK Vivant est l'instrument que l'Esprit saint utilise pour parvenir jusqu'à nous, élever notre conscience et nous donner plus d'amour.

32. Solliciter l'aide des petits êtres

Si vous croyez être dans une situation présentant un danger, utilisez votre imagination lors d'une contemplation pour remédier au problème. Au lieu de laisser la peur vous envahir, sollicitez l'aide des petits êtres.

Si vous êtes à bord d'un avion, par exemple, vous pouvez imaginer une armée de petits mécaniciens vêtus d'uniformes proprets s'affairant à visser tous les rivets, boulons et écrous. Voyez-les en train de vérifier que les tuyaux flexibles sont en place et les raccords bien serrés. Une fois que vous aurez imaginé ce scénario, laissez l'histoire se dérouler. Vous n'avez qu'à regarder les petits êtres faire leur travail.

Peu importe la situation angoissante, vous pouvez créer des exercices et visualiser des techniciens réparant toutes sortes de dommages. Cet exercice ne se limite pas aux déplacements en avion, il peut être fait n'importe où, même à votre bureau.

Soyez prudent et n'allez pas imaginer les petits êtres malmenant votre patron ou vos collègues qui ne sont pas de votre avis. Vous tomberez alors sous le joug du pouvoir et devrez en subir les conséquences. Tout ira mal et les problèmes vous retomberont sur le dos.

Vous n'êtes pas tenu d'accepter passivement le sort que les seigneurs du karma vous réservent. Si vous recevez intérieurement un avertissement au sujet d'un événement fâcheux imminent, vous pouvez utiliser le pouvoir créatif de votre imagination pour neutraliser la situation, si telle est la volonté du ECK.

33. Le bouclier de lumière argentée

Il existe dans la forêt du Sugmad une vaste clairière située dans un décor d'une beauté à couper le souffle. Le ciel y est bleu clair, parsemé de nuages blancs floconneux.

Au milieu, un bouclier d'argent est appuyé contre le tronc d'un arbre centenaire. Il ressemble au bouclier des grands guerriers de l'époque médiévale. La Lumière de Dieu l'illumine et rejaillit en rayons si brillants qu'elle aveuglerait quiconque l'approcherait avec un coeur impur.

Ce bouclier de lumière argentée protège les enfants du ECK, ceux qui prennent l'engagement de suivre le bouclier de l'amour. Nul ne peut venir à proximité s'il ne baigne pas dans l'amour. Et quand, rempli d'amour, vous êtes face au bouclier de lumière argentée, la protection du Mahanta vous entoure. Rien ne peut vous atteindre ni vous blesser.

Lorsque le Maître intérieur, le Mahanta, doit livrer combat pour défendre les siens, il va chercher ce bouclier dans la clairière et, avec l'épée du Sugmad, il se rend sur le champ de bataille pour assurer votre sauvegarde.

Le sachant et si vous l'acceptez, alors l'amour et l'armure du Saint-Esprit vous mettent à l'abri de toute attaque psychique, de tout mal et de tout danger. En cas de menace, vous pouvez vous blottir si étroitement à l'intérieur de cette aura d'amour que rien ne saurait vous atteindre.

Pendant votre contemplation, imaginez que vous traversez la prairie en direction de cette forêt, aux côtés du Mahanta. Une fois dans la clairière, située au centre, le bouclier de lumière argentée, le bouclier de l'amour vous apparaîtra. Demeurez dans le périmètre de sécurité et sachez que vous bénéficiez de l'amour et de la protection du Sugmad.

34. L'autoprotection

Pour vous protéger, vous devez vous souvenir de deux principes : 1) ne croyez jamais que quiconque ou quoi que ce soit pourrait vous faire du mal, car vous êtes une Âme éternelle et sans âge ; 2) faites preuve de courage en n'ayant jamais peur de rien et ne vous laissez pas emporter à imaginer des scènes où votre corps subit des sévices.

Voici trois techniques d'autoprotection : 1) placez devant vous un miroir tourné dans la direction opposée (l'ennemi verra bien que son moi psychique y est reflété et ne pourra le supporter) ; 2) entourez-vous d'une lumière blanche ; 3) d'une voix normale, dites à votre adversaire que son comportement contrevient aux lois du savoir-vivre.

35. Modifier un mauvais rêve

Si vous vous réveillez effrayé ou en colère après un mauvais rêve, imaginez que vous en changez la fin.

Si vous rêvez, par exemple, que vous êtes dans un immeuble sombre, figurez-vous qu'en sortant le soleil brille à l'extérieur. Imaginez que vous passez d'un monde sombre et inférieur à un monde supérieur et plus lumineux. Vous pourriez ainsi comprendre tout à coup ce que votre rêve signifie.

36. Wah Z !

Certains croient que le fait de se figurer la présence du Mahanta n'est que pure fantaisie, mais c'est faux. Il est impossible de se représenter quoi que ce soit sans que cela n'existe quelque part.

Si vous avez besoin d'aide ou de protection, appelez Wah Z et imaginez-le à vos côtés. Wah Z est le nom spirituel du Maître ECK Vivant actuel. Vous pouvez aussi utiliser Z, la forme abrégée de son nom.

Soyez rassuré, l'aide dont vous avez besoin est imminente. En collaboration avec le Maître intérieur, le Mahanta, vous vivrez l'expérience qui est importante pour vous dans le moment présent.

Le karma disparaît dès que nous nous détachons de l'objet de notre souffrance. Nous
retrouvons alors notre équilibre.

Chapitre quatre

Des exercices pour trouver l'équilibre et l'harmonie

37. Comment éviter le karma quotidien

Lorsque le karma se manifeste, il se fait toujours sentir à l'endroit le plus vulnérable de notre corps. Il disparaît toutefois dès que nous nous détachons de l'objet de notre souffrance et nous retrouvons alors notre équilibre.

Lorsque j'étais un chela ECK, le Maître m'a expliqué un jour comment accumuler moins de karma quotidien. Il a souligné l'importance des mots que nous prononçons tous les jours. Si on utilise trop souvent des adverbes de comparaison comme *presque, quasiment* et *à peu près,* notre entourage nous perçoit comme une personne indécise.

Je me suis donc mis à parler plus directement.

Le Maître m'a dit aussi que l'emploi excessif de mots comportant une obligation, comme *devrait, aurait dû, doit,* est l'apanage de ceux qui cherchent à exercer leur emprise sur les autres. On s'éloigne d'eux dès qu'on s'aperçoit de leur tentative de contrôle. Ce mouvement de recul s'appelle karma.

J'ai alors commencé à formuler à nouveau mes phrases selon une ligne de pensée plus simple et directe. Vous pouvez en faire tout autant comme exercice spirituel pour éviter un surplus de karma.

Le fait de choisir des mots plus appropriés demeure toutefois superficiel. La meilleure façon de résoudre le karma quotidien est d'énoncer le postulat suivant : « Que toutes mes paroles soient prononcées et mes actions faites au nom du Sugmad, du ECK ou du Mahanta. » Vous verrez alors votre existence changer pour le mieux.

38. Le chant de l'oiseau moqueur

Avant de vous endormir, écoutez de façon détendue les sons autour de vous. Vous entendrez peut-être les oiseaux de nuit, le ronronnement du climatiseur, le bruit de la circulation, un hélicoptère survolant la maison ou le doux murmure de voix. Restez allongé et écoutez. Vous entendez ces divers sons tellement souvent que vous n'y prêtez plus consciemment attention. Prenez maintenant le temps de vous y attarder.

Lorsque vous entendez ces sons du monde physique, chantez HU, puis écoutez les sons sacrés ECK, qui peuvent prendre diverses formes, comme le tintement de cloches ou le son d'instruments musicaux.

Essayez d'identifier autant de sons physiques que possible, puis endormez-vous en les gardant à l'esprit. Ces sons font partie du HU, le Son universel qui englobe tous les autres.

Écoutez attentivement, car le nom secret de Dieu se trouve dans ces sons.

39. Comment exercer son imagination

L'imagination fonctionne comme un muscle, vous devez la garder en forme au moyen d'exercices quotidiens. Vous apprendrez alors à devenir plus éveillé et à mieux vous observer à un niveau de conscience différent.

Une bonne façon de procéder est de vous imaginer dans différentes situations. Vous pourriez, par exemple, reconstituer un voyage en avion. Alors que vous êtes assis à votre place, que voyez-vous ? De quoi ont l'air les personnes qui vous entourent ? Que vous arrive-t-il en marchant dans l'allée ? Que contient votre plateau de nourriture ?

Pendant la journée, vous vous mettrez à observer les objets tout en prenant mentalement des notes. Tous ces détails concrets, comme l'aspect de votre commode ou les vêtements rangés dans votre placard, vous seront utiles en contemplation pour les visualiser lors du Voyage de l'Âme.

40. Vaincre la peur

Lorsque nous acceptons d'accéder à un niveau supérieur d'illumination, le ECK, l'Esprit divin, nous place dans des situations qui amèneront des changements.

Dès que nous disons au Mahanta : « Je suis prêt, amène-moi où tu veux », nous nous retrouvons en l'espace d'un éclair devant l'inconnu. Des changements commencent à se produire dans notre existence et nous ne comprenons pas trop ce qui se passe ou comment cela se terminera.

Si quelque chose vous effraie et que vous vous sentez comme paralysé devant un précipice, fermez les yeux et imaginez le Mahanta vous tendant la main. Laissez-le vous guider loin du rebord escarpé, là où le chemin s'élargit et débouche sur une prairie.

Wah Z vous dira alors : « Lorsque tu arrives à un endroit que tu ne connais pas, utilise la technique suivante pour t'y habituer. Commence par chanter HU et après quelques minutes, tu te sentiras un peu plus en confiance. Marche ensuite une fois en traçant un petit cercle, tout en chantant HU et tu te familiariseras alors avec ce lieu inconnu. »

Wah Z vous montre comment faire et vous l'imitez, puis il vous dit : « Chaque fois que tu marcheras en rond, agrandis le cercle un peu plus et tu te sentiras rapidement à l'aise dans ce nouvel endroit. »

41. Une autre façon d'utiliser votre mot secret

Certains initiés ECK vivront des expériences merveilleuses et grandioses en utilisant le mot secret qu'ils viennent de recevoir lors de leur initiation, tandis que pour d'autres, il n'en sera rien. Ce mot ne donne accès qu'à une pièce.

Une fois que vous serez établi sur le plan correspondant à votre initiation, vous pourrez chanter un autre mot, celui du plan mental par exemple, ou encore un mot que vous aurez choisi dans le *ECKANKAR Dictionary* [Dictionnaire d'ECKANKAR]. Ce mot de passe vous permettra de franchir une des portes.

Chantez d'abord votre mot secret ou le mot ECK correspondant à un plan, puis joignez-y un autre mot. Si vous désirez regarder une vie passée, par exemple, ajoutez le mot associé au plan causal.

Utilisez cet ensemble de mots pendant une semaine ou deux. Si vous n'obtenez aucun résultat, essayez-en un autre. Persistez dans vos efforts, mais de façon décontractée, sans forcer. Gardez en tête qu'un jour vous réussirez et ne lâchez pas.

Un jour, lors d'un voyage intérieur, vous vous trouverez devant une porte menant à un autre monde. Lorsque le gardien vous demandera ce que vous voulez, prononcez alors ce mot et il vous laissera entrer dans le vestibule. De là, vous pourrez accéder à une autre pièce où une nouvelle dimension spirituelle s'ouvrira à vous.

Cet exercice est une autre façon d'utiliser votre mot secret.

42. Une formule de contemplation pour les moments difficiles

Voici une formule de contemplation que le Maître ECK Lai Tsi a ramenée d'un de ses voyages dans les mondes célestes. Utilisez-la dans les moments difficiles ou si vous voulez communiquer avec le magnifique Sugmad. En répétant ces paroles lentement, vous obtiendrez sûrement des résultats.

Ouvre-moi la voie, Ô Sugmad,

Montre-moi le chemin à suivre

Pour découvrir ta vérité et tes
  enseignements.

Je suis prêt à tout instant du jour.

Souviens-toi, Ô bien-aimé, que ta
  lumière me guide

Et que tes tendres soins m'enveloppent,

Car ta volonté a toujours été

De mener le plus humble de tes
  serviteurs jusqu'à toi !

43. Les pensées désordonnées

La personne qui pratique les exercices spirituels ECK devra affronter un adversaire, ses pensées désordonnées. Durant la contemplation, les pensées jaillissent sans arrêt, car l'intellect réagit à différents stimuli.

Surveillez ces pensées au fur et à mesure qu'elles apparaissent. Vous vous apercevrez qu' elles se succèdent telle une rivière. Demeurez impassible devant ce flot de pensées interminable comme si vous étiez assis sur une berge en train de regarder l'eau couler.

N'essayez pas d'interrompre à ce moment-là le processus mental, laissez-le poursuivre simplement son cours. Si vous essayez d'étouffer une pensée, d'autres surgiront immanquablement. Laissez inachevée toute idée ou pensée qui apparaît. Restez-y indifférent, sans tenter de l'arrêter ni vous laisser influencer par elle. Agissez sous l'influence du plan atmique, la région de l'Âme, sans vous préoccuper des objections et résistances de la raison.

Imaginez que l'intellect n'est rien d'autre qu'un enfant, parfois désobéissant, regardant un jouet avec intérêt et qui veut attirer l'attention. Traitez-le pour ce qu'il est, un enfant.

Cette étape est le premier point d'arrêt. Si vous réussissez à l'atteindre, vous serez mentalement libre du joug de vos pensées et pourrez alors réaliser de plus grandes tâches spirituelles.

44. Un bain de lumière

Si vous avez un problème ou désirez obtenir une guérison, essayez l'exercice suivant avant de vous endormir.

Soyez conscient du moment précis, entre l'éveil et le sommeil, où vous tombez endormi. Imaginez que vous baignez dans une lumière orange qui guérit.

Vous pouvez alors demander au Maître intérieur de vous aider à retrouver votre équilibre spirituel en lui demandant : « Si cela est pour le bien du tout et ne nuit pas à mon développement spirituel, peux-tu me guérir ? » Dormez alors à poings fermés, tout en gardant cette pensée à l'esprit.

45. Qu'est-ce que le HU ?

Le fait de chanter HU ou votre mot secret améliore votre situation et vous donne de la force. HU est le saint nom de Dieu qui vous élèvera jusque dans les mondes supérieurs.

La signification de ce simple mot est beaucoup plus grande. J'aimerais vous recommander un exercice spirituel qui vous sera très bénéfique si vous l'essayez.

En chantant HU à haute voix, demandez-vous intérieurement tout en expirant lentement : « Qu'est-ce que le HU ? » Répétez cette question mentalement autant de fois que vous le désirez, deux ou trois fois peut-être. En d'autres mots, chaque fois que vous chantez HU vous vous demandez : « Qu'est-ce que le HU ? Qu'est ce que le HU ? Qu'est-ce que le HU ? »

46. Comment retrouver l'équilibre de ses émotions

Comment pouvez-vous sentir l'amour du Mahanta si vous êtes hargneux vis-à-vis de votre entourage ? Voici donc trois méthodes pour vous aider :

1. Si vous rencontrez une personne pour laquelle vous éprouvez de l'antipathie, dites intérieurement : « Au nom du Sugmad ». Répétez ces mots chaque fois que vous êtes en sa présence, bénissez la situation, puis laissez faire.

2. Restez poli lorsque cette personne est près de vous et chantez HU intérieurement. Écoutez-la tout en chantant, plutôt que d'engager une longue conversation. Parlez le moins possible tout en demeurant amical.

3. Imaginez que le Mahanta est à vos côtés.

En bénissant une situation, vous gardez votre équilibre sans en subir le contrecoup. De plus, si vous êtes un véritable canal pour le ECK, des miracles se produiront autour de vous.

47. Comment contourner l'intellect

L'exercice spirituel suivant peut vous aider à contourner l'intellect qui a tendance à s'enliser dans la routine. Si vous avez pratiqué un exercice spirituel tellement souvent qu'il est devenu routinier, l'intellect se dit qu'il connaît ce chemin et se hâte de tendre des pièges. Vous devez donc déjouer l'intellect en abordant votre exercice spirituel différemment. L'intellect est réactif, mais l'Âme s'avère active et sans limite. Vous pouvez imaginer tellement d'exercices créatifs que l'intellect ne suffira plus à y faire obstacle.

Livrez-vous à l'exercice spirituel suivant pendant un mois en alternant avec votre exercice habituel. Vous pouvez pratiquez le présent exercice un soir, puis votre exercice habituel le soir suivant et revenir au nouvel exercice le troisième soir.

Imaginez que vous marchez avec le Maître dans les mondes intérieurs. Chantez un mot qui ressemble au HU : HUUUAK (HIOU-ac). La première lettre, un *H* dur, se prononce comme dans la langue allemande ou grecque, puis le mot s'adoucit sur l'expiration pour donner HUU-ak.

Tous les mots ECK, ou les noms de Dieu, dans les nombreux mondes proviennent immanquablement du HU. Le mot que vous recevez au cours d'une initiation ECK est un nom de Dieu correspondant à un plan spécifique, adapté à vos vibrations particulières. Ces noms ont pour but de vous élever spirituellement et peuvent être utilisés lors de vos aventures et vos voyages dans les mondes spirituels.

48. Les nids-de-poule

Au cours d'une journée, chaque fois que vous critiquez quelqu'un, arrêtez-vous un instant. Regardez-vous bien gentiment, sans vous accabler de reproches et demandez-vous : « Est-ce possible que je sois la personne que je critique ? »

Chantez alors le mot *ECK*. Il débarrassera votre esprit des ténèbres de l'ignorance.

Vous pensiez peut-être blâmer votre ami, mais en réalité vous êtes l'objet de vos propres critiques.

En faisant cette constatation, vous éviterez de nombreux nids-de-poule qui parsèment le chemin du retour à Dieu.

Pour éviter les obstacles qui se dressent sur le chemin vers Dieu, vous devez découvrir la Lumière et le Son, qui sont un moyen assuré d'obtenir la liberté spirituelle. Chanter HU est un exercice de contemplation facile qui vous permettra d'y parvenir.

Chapitre cinq

Comment résoudre
les problèmes

49. Comment éviter les obstacles

Pour éviter les obstacles qui se dressent sur le chemin vers Dieu, vous devez découvrir la Lumière et le Son, qui sont un moyen assuré d'obtenir la liberté spirituelle. Voici un exercice de contemplation facile qui vous permettra d'y parvenir. Au moment de vous mettre au lit, fermez les yeux et imaginez un écran vide devant vous, là où se trouve votre oeil spirituel, un peu au-dessus et en retrait des sourcils. Respirez profondément plusieurs fois, puis chantez *Dieu* ou *HU* tout doucement pendant vingt minutes.

Pour diversifier vos contemplations, prenez les lettres *E-C-K*, qui désignent l'Esprit saint. Quel que soit le mot choisi, chantez-le tous les jours à voix haute ou intérieurement si vous ne voulez pas déranger les autres. Il est parfois suffisant d'inviter mentalement le Mahanta, le Maître ECK Vivant, à vous aider à faire le Voyage de l'Âme durant votre sommeil. Vous ne courez aucun danger, car un voyageur spirituel du Pays lointain veille toujours sur vous.

Avant de commencer votre contemplation, pensez à un être cher ou à un événement heureux. Vous devez être animé d'un sentiment d'amour ou de bienveillance pour aller dans le Pays lointain. Le Voyage de l'Âme est la première étape qui mène à Dieu.

50. Faire preuve de créativité

Pour résoudre un problème, faites preuve de créativité en collaborant avec le ECK. Lorsque vous êtes confronté à une difficulté, essayez de l'exprimer sous forme de question.

Le Mahanta, le Maître ECK Vivant, s'assied parfois autour d'une table avec des Maîtres ECK dans les autres mondes afin de discuter de divers sujets. Selon l'idée que nous nous faisons des Maîtres ECK, l'un d'eux devrait être assez intelligent pour régler n'importe quelle affaire. Pourquoi en discuter alors ?

Il s'agit tout simplement d'un processus d'apprentissage. Nous voyons les tâches qu'un Maître accomplit et la façon dont il coopère avec le ECK ou l'Esprit divin. Comment collaborez-vous avec le ECK ? Il est facile de dire : « Je laisse le ECK s'en occuper », puis d'attendre passivement. Cependant cette attitude ne donnera pas toujours de résultats. Voici une meilleure façon d'aborder la situation.

Premièrement, trouvez ce qui ne va pas et dites : « Quelque chose ne va pas. Voici le qualificatif qui décrit le problème. Je veux maintenant savoir comment m'y prendre pour le régler. »

Contemplez ensuite sur votre problème et analysez-le sous toutes ses facettes. Vous pourriez en parler à quelqu'un qui possède quelques connaissances dans ce domaine. Si vous posez une bonne question, la réponse vous apparaîtra tout bonnement et à un moment donné, vous saurez exactement ce qu'il faut faire.

51. La statue de pierre

Avant d'aller vous coucher, imaginez-vous sous l'aspect d'une statue. Représentez-vous les Maîtres ECK Peddar Zaskq, Rebazar Tarzs, Fubbi Quantz et Wah Z rassemblés autour de la statue avec du matériel de manutention. Wah Z et Peddar Zaskq ont chacun une pince à levier, alors que Fubbi Quantz et Rebazar Tarzs font fonctionner une dépanneuse.

Visualisez Peddar et Wah Z soulevant la statue d'un côté, alors que le plateau élévateur de la dépanneuse est glissé en dessous. La dépanneuse grince sous le poids mort de la statue, mais elle réussit à la soulever. La hauteur à laquelle elle la soulève n'a d'ailleurs pas d'importance.

Les Maîtres déplacent maintenant la statue vers un autre endroit : d'abord du plan physique au plan astral, puis jusqu'au plan causal. Fubbi Quantz, qui est au volant, engage la dépanneuse sur une rampe d'accès et pénètre dans un Temple de Sagesse d'Or où se trouve un atelier de revitalisation. Dans ce grand atelier vide, les Maîtres ECK transforment les statues en êtres spirituels vivants.

Les Maîtres ECK sont tous très contents d'avoir pu amener la statue jusqu'à cet endroit. Il s'agit d'un déplacement latéral, mais cela vaut mieux que l'immobilité. Fubbi Quantz dépose doucement la statue et l'installe au centre de la salle. Il apporte quelques plantes, y compris de grandes fougères, et les dispose autour de la statue en guise de décoration.

Maintenant, observez attentivement ce que font les Maîtres ECK.

Chaque Maître a un petit bocal qu'il ouvre avec un tournevis. À l'intérieur se trouve une huile très spéciale, destinée à dissoudre cette espèce de croûte qui en est venue, au fil des ans, à envelopper l'Âme déjà endurcie par les difficultés de la vie quotidienne.

Avec grand soin, les Maîtres ECK enduisent toute la statue de cette huile dissolvante. N'oubliez pas que la statue, c'est vous. Transposez votre point de vue : au lieu de regarder ce qui arrive à la statue, devenez la statue elle-même. Sentez l'huile dissolvante dont tout votre corps est enduit. Après un certain temps, la vieille croûte commence à se dissoudre et en dessous on aperçoit une peau très saine.

Les Maîtres ECK prennent du recul pour admirer leur ouvrage. « Il y a quelqu'un à l'intérieur », s'écrient-ils d'un ton badin. Ils observent comment l'Âme se libère de la conscience humaine. Lorsque cela se produit, le plafond s'ouvre et le soleil, ou la Lumière de Dieu, touche l'être véritable qui était pris au piège à l'intérieur de la statue de la conscience humaine.

Répétez cet exercice pendant un mois. À mesure que vous progresserez dans la Lumière et le Son, le ECK commencera à animer votre pouls spirituel. Vous parviendrez à entendre le

Son et vous distinguerez celui des sphères, lequel pourrait ressembler au bruit du vent dans les arbres.

52. La loi de l'effort contreproductif

Si vous avez l'impression de mettre trop d'efforts à accomplir une tâche quelconque, réfléchissez à la loi de l'effort contreproductif. Cette loi naturelle et pratique porte sur l'utilisation des pouvoirs de l'imagination.

Elle fonctionne de la façon suivante : plus vous vous concentrez sur un sujet, moins vous obtenez de résultats, ou encore, plus vous vous efforcez d'esquiver un obstacle, plus vous l'attirez à vous.

Si une personne essaie, par exemple, d'éviter les cailloux du chemin en roulant à bicyclette, elle les heurtera probablement parce qu'elle en est tellement consciente, ou si elle tente de marcher sur une planche étroite placée au dixième étage entre deux immeubles, elle ne pensera qu'à tomber et non à marcher.

Cette loi concerne l'imagination et les sentiments. Les pensées défaitistes sont plus susceptibles de se réaliser que les pensées constructives, car on y met généralement plus de sentiments.

Faites une contemplation sur l'objectif que vous vous êtes fixé, tout en demeurant détendu. Laissez de côté les sentiments pessimistes reliés au fait d'échouer. Pensez à votre but avec optimisme et entourez-le de bons sentiments. C'est aussi simple que cela.

53. Comment traiter les problèmes

L'exercice suivant vous permet de comprendre pourquoi vous êtes toujours aux prises avec des problèmes tenaces ou difficiles à résoudre.

Lors d'une contemplation, examinez votre problème et demandez-vous sous lequel des deux aspects suivants vous l'envisagez.

1. Vous voyez le problème comme un bélier. Dès qu'il vient vers vous, vous tombez à la renverse et restez cloué au sol.

2. Vous voyez le problème comme une leçon importante et précieuse qui vous enseigne quelque chose. Vous croyez qu'il vous servira d'outil spirituel afin d'obtenir la motivation et le dynamisme nécessaires en vue de le régler.

L'attitude que vous adoptez vis-à-vis du problème est le facteur qui déterminera le degré de difficulté et la durée de l'expérience.

Ceux qui réussissent spirituellement ne se disent pas : « Oh, non ! » ni ne s'effondrent devant un problème. Ils essaient de comprendre la raison ou la leçon qu'il comporte et demandent au Mahanta : « Qu'est-ce que ce problème peut m'apprendre ? Comment m'a-t-il rendu plus fort ? »

54. Le jeu d'échecs

Vous pouvez pratiquer l'exercice suivant en tout temps : au travail, lors d'une contemplation ou au moment de vous endormir.

Pensez indirectement à un aspect de votre vie et voyez-le du point de vue de l'Âme. Regardez tout ce qui se passe en bas comme s'il s'agissait d'un jeu d'échecs, même si vous l'imaginez simplement. De ce point de vue, vous pouvez examiner n'importe quelle situation dans le monde.

En observant ce qui se passe, modifiez l'enjeu en déplaçant simplement votre pièce sur l'échiquier. C'est une technique qui porte fruit et ceux qui l'utilisent souvent apportent de grands changements dans leur vie.

55. L'exercice de Sherlock Holmes

Si vous avez des difficultés que vous n'arrivez pas à résoudre, vous pourriez essayer l'exercice suivant.

Fermez les yeux et représentez-vous Sherlock Holmes coiffé de sa drôle de casquette. Vous voyez tout d'abord une forme lumineuse bleue, qui commence alors à ressembler à Sherlock Holmes tenant une loupe à la main et s'avançant vers vous dans une allée. À mesure qu'il approche, vous vous apercevez que c'est le Mahanta, le Maître ECK Vivant.

Il vous salue et dit : « Si tu veux m'accompagner, nous trouverons une solution à ton problème. »

Pendant que vous suivez le Mahanta, le Maître intérieur déguisé en Sherlock Holmes, vous devenez de plus en plus conscient de l'incroyable et éclatante lumière bleue qui l'entoure et qui traverse sa loupe comme une lampe électrique. Ensemble vous parcourez un terrain marécageux embrumé, et la Lumière bleue du ECK éclaire le passage.

En marchant avec lui, vous pouvez chanter le mot *HUUUAK* (HIOU-ac) qui est similaire au HU. Vous pouvez utiliser ce mot avec cet exercice spécifique, tout en cheminant avec le Maître intérieur, habillé à la Sherlock Holmes.

Vous parvenez finalement à un énorme

rocher. Le Mahanta, toujours vêtu à la Sherlock, le soulève sans peine. Il tend sa loupe pour vous permettre de regarder. La lumière bleue qui brille à travers la loupe est devenue blanche. Et à la base du rocher, vous voyez inscrite la solution à votre problème.

Faites cet exercice un soir sur deux pendant un mois, alternativement avec votre exercice spirituel habituel. C'est une démarche à suivre pour aller au-delà de l'intellect. Voyez ce que vous découvrirez.

56. La technique du Shariyat

La technique suivante est un exercice terre-à-terre destiné à vous guider vers la Lumière et le Son de Dieu. Beaucoup de personnes qui ont eu des difficultés à accomplir le Voyage de l'Âme avec les techniques basées sur l'imagination trouveront cette méthode fructueuse.

1. Formulez une question sur un problème qui assombrit votre vie. La question peut concerner la santé, la prospérité, l'amour ou tout autre sujet qui vous tracasse.

2. Ouvrez au hasard *Le Shariyat-Ki-Sugmad,* premier ou deuxième livre. Lisez un paragraphe et fermez ensuite les yeux. Chantez le HU huit fois (le chiffre huit correspond aux huit initiations extérieures), puis faites une contemplation sur le passage que vous venez de lire. Continuez cette contemplation silencieuse pendant environ cinq minutes. Chantez ensuite le HU encore huit fois. Revenez de nouveau à la contemplation silencieuse sur le paragraphe du *Shariyat*. Procédez de la même façon une troisième fois. La contemplation durera au total quinze à vingt minutes.

3. Ouvrez de nouveau *Le Shariyat* au hasard et lisez un autre paragraphe. Établissez le rapport entre ce passage et celui du début, et voyez si les deux extraits apportent des idées

neuves qui favorisent une meilleure compréhension de votre problème.

Quand nous sommes aux prises avec un ennui, c'est généralement parce que nous avons peur de franchir l'étape suivante. Souvent, nous entrevoyons quatre ou cinq solutions pour la même difficulté, mais nous soupesons chacune, en nous demandant ce que la prochaine étape devrait être.

Le Shariyat peut vous indiquer l'étape suivante. Vous désirerez peut-être essayer la même technique le lendemain, en tentant cette fois d'examiner davantage la solution ou d'explorer une nouvelle question de nature spirituelle.

57. Une technique pour retrouver son calme

Vous serez parfois pris de panique dans certaines situations. Souvenez-vous de rester calme et laissez l'Âme redevenir maître de vos pensées. Vous aurez ainsi une meilleure idée de ce qu'il faut faire pour remédier à la situation.

La patience et le sang-froid font partie des qualités d'un chela ECK. Comment pouvez-vous acquérir ces deux qualités ?

Demandez au Maître intérieur, lors d'une contemplation, comment voir les choses calmement. Une fois que vous aurez compris ce qu'il faut faire, vous pourrez user de patience. Les orages de la vie s'apaiseront le temps de trouver une façon de vous protéger.

Un moyen d'y parvenir est de s'abandonner. Ce soir avant de vous endormir, dites au Mahanta : « Je suis ton enfant. Amène-moi où tu veux pour que j'apprenne les voies du Sugmad. »

L'Âme, le principe spirituel ou l'étincelle créative de Dieu, ne peut pas agir si vous paniquez, car l'anxiété paralyse les centres de la créativité. Lorsque vous êtes incapable de réfléchir, vous accumulez gaffe sur gaffe. En vous modérant, vous laissez le principe spirituel faire son oeuvre à l'intérieur de vous et vous aider ainsi à trouver la solution au problème qui vous tracasse.

58.   Le son purificateur

Fermez les yeux et regardez dans votre oeil spirituel. Chantez HU, l'ancien nom secret de Dieu, qui est l'un des mots les plus efficaces que je puisse vous donner pour vous élever spirituellement.

En chantant HU, écoutez le Son qui peut se faire entendre de diverses façons : le roulement d'un train, le chant d'un oiseau, le bourdonnement des abeilles et parfois même le son d'une flûte ou des guitares. Ce que vous entendez dépend du plan où vous êtes.

L'Esprit saint, le ECK, s'exprime sous forme de sons en faisant vibrer ses atomes dans les mondes invisibles. Le Son que vous entendez est la vibration du niveau particulier avec lequel vous êtes en harmonie à ce moment-là.

Imaginez que le Son vous purifie, qu'il déloge les impuretés de l'Âme. Vous comprendrez alors que vos problèmes sont le résultat de vos agissements. Le Son vous montrera aussi la voie à suivre pour progresser et la bonne façon d'agir.

59. Comment ouvrir son coeur

Bon nombre de personnes aimeraient bien savoir ce qu'il faut faire pour se débarrasser de ses peurs. Le seul fait d'en parler ne vous aidera pas. Pour réussir, il faut ouvrir son coeur.

En faisant une contemplation, imaginez que vous êtes assis dans la salle lors d'un séminaire d'Eckankar pendant que le Maître ECK Vivant donne une causerie sur la scène. Représentez-vous la Lumière dorée de Dieu qui pénètre votre coeur d'une façon si douce et si paisible que vous vous apercevez à peine de sa présence. Imaginez que votre coeur réagit comme la pupille d'un oeil qui se dilate doucement pour laisser davantage de Lumière y pénétrer.

Chaque personne a sa façon de régler l'ouverture de son coeur et le flot de Lumière qui circule en elle. Demandez au Maître intérieur comment rester en communication intérieure avec le ECK afin de trouver l'équilibre qui vous convient.

60.   La présence du Maître

En vous assoyant pour faire une contemplation, demandez au Maître intérieur de mieux comprendre le sens des mots *Je suis toujours avec vous.*

Exercez-vous à parler intérieurement au Maître de tout ce qui vous tient à coeur. Imaginez qu'il est à vos côtés et que vous dialoguez ensemble. Un jour, vous pourriez être surpris de l'entendre vous répondre clairement à voix haute.

Garder à l'esprit que la présence du Maître est l'un des quatre principes fondamentaux ECK.

Vous êtes sur le point de pénétrer dans votre temple intérieur, cet endroit sacré où l'Âme communique avec Dieu.

Chapitre six

La Lumière et le Son de Dieu

61. La porte du temple

Voici un exercice très facile pour entrer en communication avec la voix de Dieu.

Fermez les yeux et détendez-vous. Vous êtes sur le point de pénétrer dans votre temple intérieur, cet endroit sacré où l'Âme communique avec Dieu. Vous pourriez voir la Lumière de Dieu tout d'abord dans votre oeil spirituel sous forme de Lumière bleue ou d'Étoile bleue, ou encore sous forme de boule ou de tache lumineuse.

Cette lumière indique que vous êtes en relation avec le niveau de conscience le plus haut qui se trouve actuellement à votre portée. Elle est capable aussi de vous élever à ce même niveau, mais pas tout de suite, car le choc serait trop grand.

Après avoir vu la Lumière dans votre oeil spirituel ou l'avoir ressentie dans votre cœur, vous entendrez ensuite le Son, quoiqu'il apparaisse parfois en premier.

Le Son pourrait être celui de la flûte de Dieu provenant du plan de l'Âme, le bourdonnement des abeilles ou d'autres sons. Plus tard, au fur et à mesure de votre cheminement spirituel, vous pourriez entendre un son tellement aigu qu'il sera à peine perceptible.

C'est la voix de Dieu qui vous élève spirituellement.

62. Les notes de musique d'or

Assis ou étendu, fermez les yeux et fixez votre attention sur l'oeil spirituel. Chantez HU. En chantant, écoutez attentivement tout en demeurant détendu. Grâce à votre imagination, essayez de vous représenter le Son comme des notes de musique d'or provenant du ciel et se déversant sur vous.

En les regardant, prenez conscience du fait que chacune de ces notes d'or est jumelée à un son. Écoutez le flot ininterrompu des mélodies qui se font entendre lorsqu'elles vous pénètrent.

Imaginez un objet concret qui vous fait penser à la musique, comme un instrument à cordes, une flûte ou un instrument à vent. Essayez d'abord de voir les notes de musique d'or, puis ensuite de les entendre jaillissant de cet instrument. Vous écoutez alors la mélodie de Dieu.

63. Sur les toits

Imaginez que vous adossez une échelle contre le mur de la maison. Immobilisez-la bien solidement avec des cordes, montez-y et allez vous asseoir sur le toit, non loin d'elle.

Essayez d'entendre le rugissement du vent, une forme que prend le ECK ou l'Esprit saint pour se manifester à un certain niveau lorsque vous écoutez avec les oreilles spirituelles de l'Âme. Il se fait parfois entendre telle une charge d'énergie comme si vous étiez à côté d'une génératrice, d'un moteur à réaction ou autre moteur de ce genre. Si vous l'entendez, même quelques instants, c'est très bien. Le ECK travaille alors en vous, vous purifiant et vous élevant.

Si vous avez peur que le vent vous emporte et vous fasse tomber, regardez la situation sous un autre angle : le ECK vous emportera vers de nouvelles expériences dans votre vie extérieure. Ce qui est en haut est comme ce qui est en bas.

Lorsque le son de l'Esprit saint pénètre l'Âme pour la nettoyer et la purifier, rappelez-vous que l'échelle est tout près si vous en avez besoin. Soyez assuré que vous ne serez pas poussé dans le vide.

Lorsque la peur s'évanouira, vous franchirez tout naturellement l'étape suivante.

64. La montagne de Dieu

Trouvez un endroit tranquille où vous ne serez pas dérangé pendant dix à quinze minutes. Fermez les yeux et regardez entre les sourcils, un peu au-dessus, là où se trouve votre oeil spirituel.

Imaginez ensuite que vous escaladez une immense montagne verdoyante. Suivez le sentier de terre qui mène à une clairière aux fleurs multicolores. Les nuages blancs près de la cime vous remplissent de joie, d'émerveillement et de liberté. C'est la montagne de Dieu.

Une fois arrivé au sommet, étendez-vous sur le tapis de verdure épais et doux. Sentez la chaleur du soleil réchauffer votre visage, vos bras et votre corps. Fermez les yeux tout comme au début de l'exercice dans votre chambre. Pour l'instant, vous ne voyez rien sur votre écran intérieur.

Puis essayez tout doucement d'apercevoir la Lumière de Dieu dans votre oeil spirituel. Elle peut prendre différentes formes comme une grande étendue de lumière semblable aux nuages blancs duveteux près du sommet d'une montagne, ou celle d'un minuscule point de lumière bleu, blanc, jaune, violet ou même vert ou rose.

Tout en regardant la Lumière, chantez plusieurs fois paisiblement le mot HU. Ce chant représente l'amour de l'Âme pour Dieu. Sans fixer, essayez d'apercevoir la Lumière dans votre oeil spirituel et d'entendre aussi le Son.

Le Son de Dieu est la vibration que produit l'Esprit divin lorsque ses atomes de vie sont en mouvement. Vous pourriez entendre le son d'une flûte, le rugissement du vent, le gazouillis des oiseaux, une chute d'eau, des cloches ou le bourdonnement des abeilles. Tous ces sons sont réels et non pas le fruit de votre imagination.

Revenez à la montagne de Dieu quelques minutes chaque jour. Ce voyage effectué au cours d'une contemplation est l'un des moyens les plus efficaces de découvrir l'amour divin.

65. La technique Surat

Assoyez-vous confortablement en plaçant vos mains sur vos cuisses, doigts entrelacés et paumes tournées vers le haut. Fixez votre attention sur le Tisra Til, l'oeil spirituel.

Après avoir respiré profondément cinq fois, commencez à chanter le mot *HU*, le nom universel de Dieu. Pour cet exercice, vous devez chanter en séparant les deux syllabes, H-U, et en expirant lentement. Après quelques minutes, prenez cinq autres grandes respirations tout en continuant à chanter HU doucement. Fixez toujours votre attention sur le Tisra Til sans tenter de voir quoi que ce soit. Regardez simplement dans votre oeil spirituel.

Après un certain temps, respirez à nouveau cinq fois profondément, soit quinze respirations au total. Ralentissez le rythme jusqu'à ce que vous chantiez très très lentement. Écoutez alors ce que vous chantez jusqu'à l'arrêt complet, puis concentrez-vous sur les sons ésotériques pendant que le mot *HU* résonne en vous. Il se mettra à vibrer comme une machine et vos membres pourraient aussi trembler, mais n'ayez aucune crainte.

Vous entendrez très vite en premier lieu un bourdonnement à l'arrière de votre tête se répandant dans votre corps jusqu'à ce que vous fassiez partie du son, puis les diverses composantes de la mélodie ECK, comme le grondement d'une chute d'eau ou le son des violons ou des flûtes.

Vous êtes alors quelque part dans les régions éloignées des mondes supérieurs, au-delà du cinquième plan ou plan de l'Âme, parcourant les royaumes de Dieu dans le corps de l'Âme.

66. L'écran de cinéma

Installez-vous confortablement et détendez-vous. Fermez les yeux et regardez votre écran intérieur. Imaginez que vous êtes devant un écran de cinéma tantôt noir, tantôt blanc ou gris, une scène ou une image en mouvement pourrait apparaître aussi.

Premièrement, essayez de regarder directement l'écran. Si vous ne voyez rien, balayez l'écran de dix degrés vers la gauche ou la droite. Du coin de l'oeil, vous pourriez soudainement apercevoir quelque chose. C'est de cette façon que le Maître vous apparaîtra un jour.

Regardez obliquement, de façon détendue, en étant conscient que le centre de l'écran est vraiment l'endroit qui vous intéresse. Commencez à chanter HU ou votre mot secret.

Cet exercice spirituel combiné au chant du HU est une façon de purifier et de nettoyer l'Âme. Vos vieilles habitudes, comme les bavardages, les racontars et la malhonnêteté envers soi-même, commenceront à s'estomper.

67. La technique Nirat

Grâce à la technique donnée ci-après, vous découvrirez que le chemin qui mène aux autres mondes est éclairé par la lumière même de l'Âme tout comme les phares d'une voiture trouant les ténèbres et illuminant la route. La technique Nirat utilise le pouvoir de vision de l'Âme.

Assoyez-vous en silence et regardez dans votre oeil spirituel. Fixez votre attention sur la Lumière de Dieu, la lumière blanche émanant de l'intérieur de cet oeil. Elle est la clé subtile qui vous ouvrira la première porte à franchir pour accéder aux mondes supérieurs, celle du plan astral.

Tout en vous concentrant sur cette porte, regardez l'image qui apparaîtra sur votre écran mental, obliquement et non directement. Si vous la regardez en face, elle disparaîtra, mais vue de côté, l'image subsistera.

Commencez ensuite à pratiquer tranquillement le zikar, c'est-à-dire la répétition des saints noms de Dieu. Si vous êtes initié, prenez votre mot secret. Sinon, chantez le mot correspondant à chaque plan que vous devez franchir pour atteindre la région de l'Âme, c'est-à-dire *Alayi* (plan physique), *Kala* (plan astral), *Mana* (plan causal), *Aum* (plan mental), *Baju* (plan éthérique) et *Sugmad* (plan de l'Âme). Ces sons vous permettront de vous élever à travers les plans correspondants jusqu'au monde de l'Âme.

La Lumière de Dieu apparaît sur tous les plans, mais celle qui devrait vous intéresser le plus est l'Étoile bleue. Après avoir pratiqué cet exercice pendant un certain temps, vous la verrez clairement. Cette étoile représente le Mahanta, le Maître ECK Vivant, qui apparaîtra plus tard dans son corps radieux.

Le Maître prend parfois la forme d'une Étoile bleue ou d'une lumière diffuse bleu pâle. La lumière ou l'étoile vous guidera gentiment à travers les différents plans jusqu'à la région de l'Âme. Vous devez lui faire entièrement confiance, sans jamais hésiter à la suivre, ni vous demander où elle vous conduit.

Vous aurez vos premières expériences avec les visions et les sons intérieurs lorsque l'Âme est totalement concentrée sur l'oeil spirituel. À ce moment-là, elle n'est pas au repos et ne voyage pas réellement dans les mondes intérieurs. Vous pourriez entendre en premier lieu le bruit d'un train en marche, des sifflements ou des instruments à cordes, puis ensuite un tintement de clochettes qui s'amplifie et se transforme en notes d'une grosse cloche retentissante. Vous verrez ensuite des lumières ressemblant à du charbon incandescent, suivi d'éclairs et finalement l'étoile géante apparaîtra.

Un ciel parsemé d'étoiles remplira votre champ de vision, puis les mondes de l'éclair et de la lune. Vous êtes alors prêt à entreprendre votre ascension. Vous pourriez alors apercevoir diverses formes, telles que de la brume, de la

fumée, des soleils, du feu, des vents, des lucio-
les, des éclairs, des cristaux et des lunes. Si vous
êtes distrait à ce moment-là, concentrez-vous à
nouveau sur un seul point.

68. Un moyen de se remplir d'amour

Si vous désirez approcher Dieu, vous devez d'abord être rempli d'amour. Si vous êtes envahi par la peur, les frustrations ou tout autre sentiment défaitiste, vous ne connaîtrez que l'échec.

Une façon de vous remplir d'amour est de vous souvenir d'un moment où vous étiez très heureux dans le passé.

Lisez un passage de *L'étranger au bord de la rivière* pour ouvrir votre coeur. En faisant une contemplation, demandez-vous : « Où se trouve la clé de l'amour ? » Imaginez un objet ou une personne que vous aimez et servez-vous-en comme catalyseur d'amour.

Dans le corps de l'Âme, effectuez un survol chronologique. Rappelez-vous tous les moments où vous étiez véritablement heureux. Représentez-vous le bonheur comme des vagues déferlant sur la plage. Prenez-en quelques-unes que vous amènerez avec vous dans le temps et aspergez votre vie présente et future de ces eaux chargées de bonheur.

Laissez-les à cet endroit pour que l'Esprit saint puisse vous combler de cadeaux plus tard. Revenez alors lentement dans le monde physique en sachant que le bonheur et l'amour vous attendent dans le présent et dans les années à venir.

Pour recevoir continuellement les bénédictions de la vie, nous devons apprendre à exprimer de la gratitude pour ce que nous avons et ce qui nous a été donné. En étant reconnaissants, nous aurons l'occasion de vivre des événements qui favoriseront notre cheminement spirituel.

69. La magie de l'amour

Pratiquez l'exercice suivant au moment de vous mettre au lit. Fermez les yeux et juste avant de tomber endormi, essayez de voir dans le lointain un point de lumière dorée. Il sera tout d'abord à peine visible, puis grossira et brillera de plus en plus en s'approchant rapidement de vous.

Voyez le point grossir jusqu'à ce que les lettres EK apparaissent sous la forme du symbole Ⓔ. Sa couleur sera celle du bronze antique et les rayures criblant sa surface polie représentent la permanence du ECK.

Concentrez-vous sur les lettres d'or Ⓔ et chantez doucement HU, le saint nom de Dieu. Vous devriez ensuite voir la Lumière et entendre le Son de Dieu, qui sont la clé de ce pays magique qu'est l'amour divin.

70. La musique du Sugmad

Chantez les lettres du mot *Sugmad*, qui signifie Dieu, suivant une gamme ascendante. Commencez par la lettre S chantée sur une note grave, puis continuez en augmentant la hauteur une lettre à la fois : *S-U-G-M-A-D*. La dernière lettre, *D*, se prononce sur la note la plus aiguë dont vous êtes capable.

Reprenez depuis le début par une note très basse, puis continuez à chanter sur des notes de plus en plus hautes. Pratiquez cet exercice pendant vingt minutes, à moins que vos cordes vocales ne soient fatiguées.

Observez les heureux changements qui se produiront dans votre vie au cours des prochaines semaines. Lorsque nous acceptons d'accéder à un niveau supérieur d'illumination, le ECK nous place dans des situations qui amèneront des changements.

71. L'eau de la vie

Lors d'une contemplation ou avant de vous endormir, imaginez que vous marchez le long d'une plage.

Voyez devant vous des fruits posés sur une nappe à même le sable. Le Maître intérieur, le Mahanta, vous attend. Il tient dans ses mains un gobelet serti de pierres précieuses.

Le Mahanta vous tend le gobelet en disant : « Voici l'eau de la vie, prends-la et bois-la. »

L'eau de la vie est en fait le ECK, c'est-à-dire la Lumière et le Son de Dieu. En la buvant, voyez la Lumière et le Son inonder tout votre être. Une fois que vous aurez bu cette eau, vous ne serez plus le même. Vous serez toujours assoiffé d'eaux divines.

72. Une rencontre avec le Maître

Assoyez-vous confortablement sur votre lit ou sur une chaise. Regardez tout doucement entre vos sourcils dans votre oeil spirituel.

Pendant un moment, tout vous semblera obscur. Regardez bien attentivement dans l'espace entre vos sourcils. Cherchez la Lumière qui apparaîtra sous forme de rideau lumineux blanc.

Elle pourra ressembler à un immense soleil, projetant ses rayons étincelants en cercle autour de vous, et dont la luminosité est supérieure à celle de dix mille soleils.

Vous réalisez soudainement que la Lumière vient de vous-même, s'étendant en un cercle s'élargissant sans cesse jusqu'à ce qu'elle remplisse l'univers tout entier. La Lumière jaillit du centre de votre être et devient comme un faisceau ardent. Votre corps tout entier bat au rythme du remous de ses vagues, tel le ressac qui martèle une plage sablonneuse.

Vous entendez le mugissement du ressac qui s'amplifie sans cesse. Puis soudainement, vous voyez intérieurement le Mahanta, le Maître ECK Vivant. Vous l'accueillez le coeur rempli de joie et c'est alors que votre voyage dans les mondes de Dieu commence.

L'une des façons d'acquérir la maîtrise de soi est d'apprendre la discipline nécessaire pour s'attaquer directement à la cause de ses difficultés.

Chapitre sept

L'autodiscipline

73. Mettez vos soucis sur papier

Très souvent les personnes qui échouent se disent : « Je ne sais plus quoi faire. Tout va de travers dans ma vie. Je suis incapable de surmonter cette difficulté. »

Lorsque vous êtes très bouleversé et déprimé, brouillé avec votre entourage ou que vous n'avez pas la confiance souhaitée, prenez le temps d'écrire un rapport d'initié.

Écrivez ce qui vous tracasse en un ou deux paragraphes et si vous le pouvez, résumez votre problème dans les deux premières phrases de la façon suivante : « Voici ce qui me préoccupe. Je n'arrive pas à m'en sortir. » Racontez ensuite ce qui vous est arrivé pour expliquer la situation.

Vous pourriez écrire une phrase de ce genre : « J'ai tel problème avec un collègue au travail et voici ce qu'il m'a fait. »

Vous vous sentirez soulagé cinq, dix ou quinze minutes après avoir mis les détails sur papier. Le problème ne semblera plus aussi lourd qu'auparavant.

Si vous éprouvez les mêmes sentiments un jour, une semaine ou un mois plus tard, prenez le temps d'écrire à nouveau. Cette forme d'autodiscipline est l'une des façons d'acquérir la maîtrise de soi, c'est-à-dire apprendre à s'attaquer directement à la cause de ses difficultés.

Chacun vient au monde avec une dette. Dans

certains cas, la cause karmique remonte loin. Vous devez endurer certaines conditions comme une vue déficiente ; toutefois, certaines autres situations peuvent être changées.

Lorsque vous travaillez avec le Mahanta, il peut reculer jusqu'avant votre naissance. Si vous lui confiez vos problèmes dans un rapport d'initié, il pourra dénouer votre karma passé à l'état de rêve, ce que personne d'autre ne peut faire.

74. Le commentateur de la radio

Si vous n'avez pas en main tous les éléments concernant un aspect de votre vie, qu'il s'agisse d'un rêve inquiétant ou d'un problème, essayez la technique suivante pour combler les lacunes.

Faites une contemplation et écoutez le Son du ECK. Imaginez que vous ouvrez la radio et qu'un commentateur entre en ondes. Vous l'écoutez résumer tous les détails d'un rêve ou d'un problème dont le sens vous échappe.

Chantez ensuite HU pendant quelques minutes pour vous détendre, comme si vous faisiez une pause le temps d'un message publicitaire. Puis imaginez le commentateur vous disant : « Et maintenant voici la suite de votre rêve. » Il vous donne alors les parties manquantes du rêve et en révèle la signification.

Chaque fois que vous faites un mauvais rêve, le censeur a empêché que l'histoire ne soit restitueé intégralement. Supposez en premier lieu qu'il manque des éléments et que vous ne connaissez pas tous les faits. Servez-vous alors de vos facultés intérieures pour obtenir les réponses dont vous avez besoin.

75. Le panier de rêves

Lors d'une contemplation ou à l'état de rêve, imaginez que vous rencontrez le Maître intérieur à la maison ou au bureau. Il vous tend une corbeille à papier en disant : « Jette toutes tes inquiétudes et tes soucis dans cette corbeille. »

Prenez tous les ennuis qui vous tourmentent et mettez-les dans le panier du Maître. Sentez que vous êtes calme et détendu au moment où vous les remettez au ECK.

Si vous vivez une situation déplaisante, changez-la. Vous êtes le créateur de votre univers, qu'il s'agisse de vos mondes subtils ou de ce bas-monde. Le Maître intérieur essaiera de vous montrer la façon d'améliorer votre vie ici-bas.

En confiant une situation au Maître intérieur, vous vous libérerez d'un fardeau pour faire place à plus d'harmonie et d'équilibre.

76. Les singeries de l'esprit

Vous pouvez vous servir de votre imagination non seulement dans les mondes intérieurs, mais ici-bas aussi. Si vous voyez par exemple qu'un chien vient dans votre direction avec l'intention manifeste de vous mordre, entourez la situation d'amour. En pensée, caressez le chien, jouez avec lui et grattez-lui le derrière des oreilles. C'est un bon exercice spirituel qui peut en outre vous éviter une morsure. Évidemment, faire un détour pourrait s'avérer sage.

Le même principe s'applique aux mondes intérieurs lorsque votre esprit s'emballe. Imaginez que vos pensées sautillent comme des singes et essayez de trouver un moyen de les calmer au lieu qu'ils soient insubordonnés. Il existe plusieurs façons d'utiliser cette technique de visualisation.

Représentez-vous une porte que vous désirez franchir, mais en êtes incapable car les singes vous bloquent le chemin. Dites intérieurement : « Si j'arrive à tranquilliser ces singes, je pourrais alors franchir la porte et entrer dans les mondes de Lumière et de Son. »

Donnez-leur de jolis petits jouets aux couleurs vives avec des clochettes ou offrez-leur des bananes. Vous serez tellement absorbé à calmer les singes de votre esprit que vous y prendrez plaisir. L'Âme pourra à ce moment s'exprimer.

Aussitôt que vous les aurez calmés, précipitez-vous vers la porte. La Lumière de Dieu, pure et dorée, se trouve de l'autre côté. Le Maître vous attend en disant : « Je serai ici chaque fois que tu réussiras à contourner les singes. »

Les singes de l'esprit ne sont que les gardiens de la porte. Ils feront tout en leur pouvoir pour vous empêcher d'y entrer. Dès que vous aurez trouvé une façon de les calmer, vous serez prêt à voyager dans les mondes intérieurs.

77. Les obstacles qui servent de tremplins

Certaines personnes ne se rendent jamais compte d'avoir reçu des bénédictions. D'autres, réfléchissant aux événements passés, constateront qu'une faveur leur a été accordée sous forme d'une guérison quelconque ou qu'un changement s'est produit au travail et leur a permis d'améliorer leur vie. Tout dépend de votre niveau de conscience.

Voici un exercice spirituel qui vous permettra d'identifier les bienfaits que vous recevez. Chantez HU doucement en silence ou à voix haute. Prenez les obstacles qui entravent votre route et voyez-les comme des pierres d'achoppement. Imaginez qu'elles se transforment en tremplins. Comment vous ont-elles aidé à mieux vous connaître ? Gardez un esprit ouvert et soyez un peu plus conscient de cette transformation en chantant HU.

Les enseignements ECK portent sur l'amour que Dieu a pour vous. HU, ancien nom de Dieu, est la clé de vos mondes secrets. Lorsque vous saurez comment l'utiliser, vous constaterez que vos mondes intérieurs et extérieur forment un tout et vous vous sentirez alors rempli d'amour.

78. Discuter de ses expériences intérieures

Pour savoir quelles expériences spirituelles devraient être gardées confidentielles, essayez la technique suivante. Étant donné que la voie du ECK repose sur l'expérience, c'est en faisant des essais que vous saurez quelles expériences intérieures sont trop sacrées pour être discutées ouvertement.

Notez vos expériences intérieures pendant un certain temps et parlez-en avec vos amis habituels. Soyez attentif à ce qui arrivera.

Si vous parlez de sujets que vous devriez taire, vous vous en rendrez compte assez vite. Le Mahanta empêchera que votre mémoire ne retienne les enseignements secrets qui vous sont donnés. En moins d'un ou deux mois, vous vous apercevrez qu'il a retiré la main secourable qui vous comble d'amour et vous protège. Vous vous sentirez seul et abandonné.

Une fois que vous aurez la conviction que le sentiment de vide est relié au fait d'avoir divulgué les enseignements secrets du Mahanta à ceux qui n'y avaient pas droit, vous prendrez l'habitude de garder vos expériences intérieures pour vous. Il s'écoulera un ou deux mois avant que les canaux de communication avec le ECK ne s'ouvrent à nouveau pour vous révéler les enseignements secrets.

Répétez l'expérience tant que vous avez besoin d'une preuve attestant que les directives secrètes du Mahanta ne s'adressent qu'à vous. En fin de compte, l'autodiscipline devient tellement importante que le chela ne raconte rien à quiconque sauf au Maître, car le prix à payer pour vivre sans son amour et sa protection n'en vaut pas la peine.

79. La petite boîte ECK

Afin de vous aider à contrebalancer les pensées néfastes qui vous assaillent dans les moments difficiles, essayez cette idée suggérée par un jeune ECKiste et qui consiste à fabriquer une « boîte ECK ». Découpez environ vingt-quatre petits morceaux de papier et écrivez sur chacun un principe ECK, une pensée d'amour ou une réflexion enthousiaste.

En voici quelques exemples :

« L'Âme n'a pas d'ombre. »

« Je vous aime. »

« Laissez le Maître vous guider. »

« Ne laissez pas Kal, ou les forces du mal, bouleverser votre vie. »

Chaque fois que vous êtes furieux ou triste, prenez un message et lisez-le à voix haute.

Ces petits rappels du ECK vous aideront à chasser les pensées défaitistes et à égayer les moments où vous vous sentirez abattu.

80. Les quatre pratiques spirituelles ECK

Au cours de la journée, mettez les pratiques spirituelles suivantes en application.

1. **Un esprit pur.** Bannissez de votre esprit toute parole malveillante. Voyez chaque personne comme une créature divine et un temple du Très-Haut puisqu'elle est destinée, tout comme vous, à devenir un jour une collaboratrice de Dieu. Chassez les pensées Kal (malfaisantes) qui pourraient souiller votre esprit et votre conscience. En gardant un esprit pur, vous deviendrez extrêmement conscient de la présence du Maître ECK Vivant, qui vous accompagne toujours.

2. **La patience.** Elle est la plus grande discipline de tous les enseignements spirituels ECK. En étant patient, vous pouvez tout endurer : l'existence, les épreuves, les fardeaux karmiques, les calomnies et les blessures causées par la douleur et la maladie. Fixez fermement votre attention sur la Lumière de Dieu, sans jamais dévier de votre but, qui est d'atteindre la réalisation de Dieu, ni jamais y renoncer.

3. **L'humilité et la chasteté.** Lorsque vous parviendrez à acquérir ces deux qualités, vous saurez que vous n'avez de compte à rendre qu'à Dieu et non à une personne ou à une

chose de ce bas-monde. Les êtres que vous chérissez, votre famille et votre entourage sont des images de Dieu, reflétées dans ce monde et ce corps physique pour servir le Sugmad, le Dieu suprême. Soyez conscient que l'humilité est à l'opposé de l'ego. Ne laissez aucune idée fausse de ce que vous valez aux yeux du Maître et du Sugmad vous empêcher d'accéder aux royaumes célestes. La vanité n'est qu'un piège de Kal Niranjan, le prince des ténèbres, et vous seriez bien idiot de tomber dans ses filets.

4. **Le discernement.** Faites preuve de discernement envers toute chose. Sachez qu'il n'existe ni bonté ou méchanceté, ni beauté ou laideur et aucun péché. Ces états ne sont que des concepts mentaux et des forces antagoniques des mondes matériels. Dès que vous comprendrez cette vérité, vous serez libéré des pièges du Kal et prêt à entrer dans le royaume de Dieu, l'Océan d'Amour et de Miséricorde. Vous serez devenu le ECK et en ferez partie.

Faire preuve d'ouverture de coeur signifie aimer ou prendre soin de quelque chose ou de quelqu'un plus que vous ne le feriez pour vous-même. C'est le premier pas dans notre recherche de l'amour divin.

Chapitre huit

Des techniques applicables sans fermer les yeux

81. L'ouverture de coeur

Pour l'exercice spirituel suivant, vous devez garder votre de coeur ouverte toute la journée. Ce n'est pas facile, je dois m'y efforcer constamment aussi.

La même technique utilisée par plusieurs personnes donnera des résultats différents, c'est pourquoi il existe bien des façons de fixer votre attention sur l'ouverture de votre coeur. Prenez d'abord un objet que vous aimez ou encore un animal ou une plante et témoignez-lui beaucoup d'amour. Lorsque cet amour se manifestera, laissez-le se répandre en vous.

L'habitude d'aimer est contagieuse. Une fois en place, elle prendra de l'ampleur et deviendra plus facile à exprimer. Tout comme une plante a besoin d'eau et de soins tous les jours, l'habitude d'aimer exige une attention continuelle.

L'amour ne jaillira pas à moins d'ouvrir votre coeur. Faire preuve d'ouverture de coeur signifie aimer ou prendre soin de quelque chose ou de quelqu'un plus que vous ne le feriez pour vous-même. C'est le premier pas dans notre recherche de l'amour divin.

82. Deux pratiques spirituelles

Sur la voie du ECK, l'un des exercices les plus faciles à pratiquer consiste à répéter intérieurement le nom du Maître ECK Vivant ou celui d'un autre Maître ECK. Vous pouvez vous fixer un objectif, comme répéter ce nom mille fois avant d'arrêter.

Un autre exercice spirituel consiste à lire une partie du *Shariyat-Ki-Sugmad* chaque jour pendant quelques mois. Commencez au début et lisez le livre d'un bout à l'autre sans manquer une seule journée d'étude.

En mettant ces pratiques en application, vous remarquerez certainement des changements en vous.

83. Le jeûne

L'exercice suivant peut être fait tous les vendredis.

Le jeûne recommandé est le jeûne mental. Il consiste à fixer votre attention sur le Mahanta toute la journée. Voici plusieurs façons d'y parvenir. Vous pouvez chanter HU intérieurement ou à voix haute, chanter votre mot secret ou encore accomplir toutes vos actions cette journée-là au nom du Mahanta.

Vous devez garder votre attention sur le Maître intérieur aussi longtemps que possible ou chasser consciemment toutes les pensées nuisibles qui surgissent. Imaginez que vous les mettez dans la vague de vie du ECK où la Lumière et le Son de Dieu les neutralisent. Le jeûne mental convient particulièrement bien à ceux qui ont des problèmes de santé et qui doivent manger. Vous n'avez besoin d'aucune approbation médicale et n'importe qui peut le faire pour son développement spirituel.

Le deuxième type est le jeûne partiel. Ne prenez qu'un seul repas ou ne buvez que des jus de fruits et ne mangez que des fruits.

La troisième méthode est un jeûne de vingt-quatre heures qui consiste à ne boire que de l'eau, si votre santé le permet.

La voie du ECK est celle du juste milieu et à ce titre, aucune austérité ne doit être pratiquée afin de mener une vie spirituelle, y compris le stress généré par un jeûne. Le jeûne mental est à la fois facile et difficile, mais plus exigeant que le jeûne partiel ou celui de l'eau s'il est fait correctement, car vous devez penser au Mahanta toute la journée le vendredi.

Le fait de jeûner un jour spécifique vous aide à acquérir la discipline intérieure pour atteindre la réalisation de Dieu. Vous prenez l'habitude de vivre dans le ECK, à chaque instant, tous les jours. Avec le temps, il sera de plus en plus facile et naturel de vivre dans un état de conscience élevé à chaque moment de votre vie.

84. Penser comme si

Penser comme si désigne la capacité de visualiser vos désirs et de les rendre vivants en les entourant de sentiments. Pensez à un but, puis établissez des étapes intermédiaires pour y arriver. Vous pouvez pratiquer cet exercice spirituel au cours de la journée pour n'importe lequel de vos buts.

Pour atteindre l'état de réalisation de Dieu, mettez-vous à la place du Maître ECK et chaque fois que vous faites face à un problème, demandez-vous : « Que ferait le Mahanta dans cette situation ? » Puis agissez. Voilà ce que signifie penser comme si.

Le ECK tente continuellement de s'exprimer par votre entremise. Le processus créatif qui consiste à penser comme si permet de jouir de la vie et de la maîtriser.

85. Comment déplacer son attention

Si quelque chose vous déprime, voici une technique qui marche à tout coup. Elle consiste simplement à élever votre conscience en fixant votre attention sur le ECK au lieu de l'objet de vos préoccupations.

Vous n'avez qu'à cesser de penser au problème, quel qu'il soit, et à mettre plutôt votre attention sur le ECK, l'Esprit saint. C'est tout.

Il s'agit tout bonnement de déplacer son attention d'un point à un autre.

86. Partager le HU

Si vous avez l'occasion de faire connaître les enseignements ECK à une personne qui se pose des questions sur la vie, un cadeau des plus précieux à offrir serait le HU. HU est le nom ancien et saint de Dieu. Vous n'avez même pas à mentionner Eckankar dans certains cas.

Parlez simplement du HU en expliquant à la personne qu'elle peut le chanter paisiblement n'importe quand pour ouvrir son coeur à l'amour de Dieu. C'est un bon exercice spirituel que vous pouvez aussi pratiquer.

Le cours des événements karmiques s'accélère dans le monde d'aujourd'hui et plusieurs religions traditionnelles ne sont pas assez souples pour combler les besoins spirituels croissants des fidèles. En initiant au HU les personnes que nous croisons, nous agissons comme véhicules divins pour le ECK et pouvons aider quelqu'un à obtenir l'aide spirituelle dont il a besoin.

87. La porte d'entrée du ciel

Chaque fois que vous passez le seuil d'une porte, que ce soit au travail ou à la maison, sachez que dans les mondes intérieurs vous franchissez une porte qui mène au ciel. Cela vaut pour toutes les portes tant et aussi longtemps que vous en êtes conscient.

Supposons par exemple que vous devez assister à une réunion qui s'annonce pénible avec votre patron ou vos collègues. En passant la porte de la salle où la réunion a lieu, pensez que vous y entrez dans une optique différente et supérieure.

Une fois dans cette salle, arrêtez-vous un instant et demandez-vous : « De quelle façon cet état de conscience supérieur va-t-il changer mon attitude ? Serai-je plus détendu, plus tolérant et patient ? Ferai-je confiance à l'Esprit saint pour me donner les réponses et les conseils dont j'ai besoin ? »

En essayant cette technique, vous vous rendrez compte que les choses vous apparaissent sous un jour nouveau et votre niveau de conscience s'élèvera un peu plus tout au long de la journée.

88. Faire plus que le strict minimum

Choisissez un jour de la semaine où vous ferez plus que le strict minimum. Ce jour-là, mettez tout votre coeur à prendre soin de votre famille, de votre travail et de vous-même.

Tant de personnes passent leur vie à ne faire que le strict minimum et cela leur suffit. Elles n'ont pas les capacités nécessaires pour atteindre la conscience de Dieu, ce qui les différencie de celles qui aspirent à des niveaux spirituels supérieurs.

Ceux qui ont un coeur d'or sont attentionnés, remplis d'amour, mènent leurs projets à terme et les réalisent avec soin.

89. La technique du balai

Lorsque vous avez l'impression que les forces du mal vous empêchent de réaliser un projet
important, utilisez la technique suivante pour
vous frayer un chemin. Supposons que vous êtes
à bord d'un avion à destination d'un séminaire
ECK et qu'un orage au loin oblige les contrô-
leurs aériens à détourner la circulation. Vous
pouvez neutraliser le Kal ou les forces du mal
dans bien des cas grâce à la technique de
visualisation suivante.

Installez-vous confortablement et fermez les
yeux. Chantez intérieurement HU, l'ancien nom
de Dieu. Puis, imaginez dans votre oeil spirituel
que vous êtes à deux endroits différents : *a*) à
bord de l'avion immobilisé et *b*) en toute sécurité à l'aéroport de votre destination.

Prenez ensuite un balai à long manche et
tout en continuant de chanter HU, balayez à
fond la route entre le point A et le point B.

Agissez alors « comme si » vous étiez le
maître de votre propre univers. Intérieurement,
faites en sorte que le contrôleur aérien autorise
le décollage de l'avion.

Faites cet exercice avec prudence car la
marge qui sépare la spiritualité et les arts oc-
cultes est étroite. La différence entre eux tient
au fait que vous ne devez jamais manipuler
quiconque pour faire aboutir vos projets par

l'énergie invisible. Toutefois, si vous avez conclu une entente avec une organisation (comme une ligne aérienne) et qu'un événement vous empêche de respecter votre engagement, voyez la situation comme une ingérence du Kal dans votre espace psychique.

Disons par exemple qu'un agent de voyages vous obtient un billet pour un vol dans une autre ville. Votre billet est payé, le vol est prévu à l'horaire et vous êtes assis dans l'avion. Entretemps, les forces du mal provoquent une tempête pour retarder votre départ. Dans ce cas, vous pouvez faire le présent exercice spirituel.

Mais vous ne devez pas l'utiliser si vous décidez sur un coup de tête de partir en vacances et qu'au comptoir de la ligne aérienne, l'agent vous informe que le vol est complet. N'essayez pas d'invoquer les forces mystérieuses pour l'inciter à vous trouver une place.

90. Comment aiguiser vos sens

Vous aurez besoin d'un calepin pour faire l'exercice suivant. Regardez une image ou faites une promenade tout en admirant le paysage. Notez tout ce que vous verrez, comme les formes, les couleurs, les lignes, les silhouettes, les textures et ainsi de suite. Sortez ensuite votre calepin et écrivez le plus de détails possible.

Vous serez probablement étonné de vous rappeler peu de choses. Passez devant une maison par exemple. Une fois rendu chez vous, essayez de vous rappeler du nombre de fenêtres, du genre de porte, si le toit était fait de bardeaux ou de tuiles, du type d'arbustes poussant dans la cour, si la maison était entourée d'une clôture et quel en était le matériau de construction. Plus tard, retournez voir la maison et comparez avec vos notes.

Répétez l'exercice jusqu'à ce que vous puissiez vous souvenir avec exactitude de l'objet qui vous intéresse. Une façon agréable de pratiquer cet exercice consiste à le faire avec un ami. Marchez ensemble et choisissez un sujet à étudier attentivement. Sur le chemin du retour, énumérez les détails dont vous vous souvenez tous les deux.

Pour ceux qui veulent se souvenir avec précision des conversations et expériences survenues lors de leurs Voyages de l'Âme, essayez cette autre version. Après une discussion avec quelqu'un ou l'écoute d'un texte ou d'un morceau de musique, essayez de vous rappeler le plus grand nombre de détails possibles. Ces techniques faciles, pratiquées souvent, vous aideront à vous rappeler vos voyages intérieurs.

91. Lorsque vous êtes trop occupé

Si votre travail ne vous permet pas de faire vos exercices spirituels régulièrement ou à la même heure chaque jour, voici une technique à essayer.

Chantez doucement votre mot secret ou HU intérieurement au cours de la journée et au moment de vous endormir. Si votre horaire ne vous laisse pas le loisir de vous asseoir pour faire un exercice pendant vingt minutes, vous pouvez aussi essayer une technique que j'ai souvent utilisée moi-même.

Juste avant de vous endormir, dites au Maître intérieur : « Je te donne la permission de m'amener à l'endroit où je suis digne d'aller et où je peux apprendre quelque chose. » Puis endormez-vous sans plus y penser.

Le Maître intérieur commencera à s'occuper de vous à l'état de rêve. Vous constaterez dans bien des cas qu'en grandissant intérieurement, des changements pourront également survenir dans votre vie. Toutefois, il pourrait s'écouler quelques années avant d'en voir le résultat, car nous vivons dans le monde physique et la vie ici-bas est parfois très difficile.

Les Maîtres ECK nous prennent en charge au stade d'évolution où ils nous trouvent. Notre étude spirituelle débute donc à notre niveau actuel de développement. Nous pouvons souhaiter avoir le plus de temps libre possible, il n'en demeure pas moins que nous devons d'abord regarder objectivement où nous en sommes, puis considérer ce que nous pouvons faire pour remédier à la situation.

Avec le ECK, nous progressons intérieurement un pas à la fois, et ce progrès se reflétera extérieurement d'une façon ou d'une autre. Votre existence ne sera pas plus facile, mais deviendra certes plus captivante.

Vous apprenez à maîtriser votre vie avec l'aide du Maître intérieur, le Mahanta. Vous devenez une Âme consciente, le créateur de vos propres mondes.

Chapitre neuf

Soyez maître de votre destin

92. Comment trouver un nouveau mot

Vous faites vos exercices spirituels en utilisant le mot que vous avez reçu lors de votre initiation. Et voilà que deux semaines plus tard, il ne donne plus de résultats. Vous habitez une région éloignée, à quelques centaines de kilomètres au moins de l'initiateur ECK le plus proche, et vous êtes plongé dans la perplexité. Vous avez reçu un mot, mais il ne produit plus l'effet souhaité. Tantôt votre mot sera bon pendant toutes vos initiations, à compter de la deuxième, tantôt il ne durera que le temps de deux initiations et vous aurez alors besoin d'un nouveau mot. Que devez-vous faire ?

Commencez à chercher un autre mot. Lisez *Le Shariyat-Ki-Sugmad* et si vous y trouvez un mot, comme *Anami* ou un autre nom qui désigne le royaume de Dieu ou Sugmad, chantez-le. Le soir même, essayez-le pour voir s'il vous convient.

Il se peut que vous trouviez par vous-même un mot nouveau avant une initiation et que l'initiateur ECK vous en donne un autre au cours de celle-ci. Comment savoir lequel est le bon ? Celui que vous avez trouvé personnellement a toujours priorité, car il provient de vos propres mondes subtils.

Vous ne recevez jamais deux mots par erreur ou par accident. Votre propre mot pourrait ne plus être efficace après quelques semaines ou quelques mois et vous devrez alors utiliser l'autre. Vous pouvez aussi les chanter ensemble ou encore les combiner avec HU, Wah Z, Sugmad ou tout autre nom sacré puisé dans les enseignements ECK.

Voici une autre façon d'obtenir un mot nouveau. Au cours d'une contemplation, faites le vide dans votre tête et soyez attentif aux mots qui vous viendront à l'esprit.

Au moment de recevoir une initiation, on vous dira que celle-ci est rattachée à un mot comportant un certain nombre de syllabes. Supposons que pour cette initiation, il s'agisse d'un mot d'une seule syllabe. Essayez de voir si vous pouvez réduire l'un des mots ou l'une des pensées ou impressions qui vous traversent l'esprit au même nombre de syllabes que le mot correspondant à ce cercle d'initiation.

Lorsque vous en trouvez un, essayez-le. Utilisez-le pendant une semaine ou deux et voyez s'il donne des résultats. Sinon, essayez-en un autre. S'il ne fonctionne toujours pas, jeûnez plus sérieusement le vendredi.

93. L'étude de vos rêves

Le monde onirique et ses habitants sont réels. Seuls le souvenir et la compréhension que nous avons d'eux sont partiels. Les rêves constituent habituellement notre lien avec les mondes intérieurs, mais l'illusion peut fausser ce que nous nous rappelons des événements qui s'y déroulent.

Que dire des personnages oniriques qui semblent symboliser certaines parties de nous-mêmes ? Commençons par le rêve éveillé. Le Mahanta l'utilise pour qu'une personne comprenne spirituellement un aspect de sa vie. Le Maître s'inspire des expériences qu'elle a vécues avec des gens et des événements réels pour attirer son attention sur une vérité.

Appliquez le principe du rêve éveillé à votre monde onirique. Les personnes que vous y rencontrez sont des Âmes, tout comme vous. Cependant, le Mahanta peut faire en sorte que ces expériences vous aident à comprendre vos désirs, vos besoins et vos objectifs.

Tenez un journal de vos rêves et notez tout parallèle qu'il pourrait y avoir entre les deux mondes.

94. Comment prendre de bonnes décisions

Nous voulons tous prendre de bonnes décisions. Mais comment savoir si nous sommes guidés par le ECK ou par notre raison ? Voici un moyen facile de le découvrir.

Quand vous êtes guidé par le ECK, vous êtes plus enclin à changer d'idée lorsque de nouvelles informations vous parviennent. Vous admettez plus volontiers qu'une décision antérieure fondée sur des renseignements sommaires doit être modifiée.

L'intellect est bien capable de vous convaincre que vous ne sauriez vous tromper. C'est pourquoi une personne entêtée agit avec tant d'aplomb. Elle croit avoir toujours raison, même si souvent elle est dans l'erreur.

95. La façon ECK de prier

Bon nombre de personnes prient Dieu de la mauvaise façon. Parce qu'elles veulent que les autres agissent à leur gré, elles utilisent la prière pour les dominer et réaliser leurs propres désirs. C'est comme une équipe de basket-ball qui prie Dieu avant une partie : « Seigneur, aide-nous à gagner. » Pendant ce temps-là, les joueurs adverses en font autant à l'autre bout du terrain. S'agit-il vraiment d'une prière ?

Lorsque vous demandez à Dieu son secours, vous pouvez dire : « Je sais que telle situation et tel problème existent et je voudrais que vous m'aidiez comme vous le jugez approprié. » Voilà l'attitude de l'ECKiste. Vous faites quelques pas pour améliorer la situation et essayez de régler votre problème.

En agissant ainsi, vous apprenez, grandissez et acquérez l'expérience nécessaire pour devenir une Âme adulte, c'est-à-dire une personne digne d'être une collaboratrice de Dieu.

96. Comment décompresser un fichier

L'information que vous recevez à l'état de rêve vous parvient parfois comme un fichier informatique compressé pour être mis en mémoire. Les Maîtres ECK s'adressent souvent au chela en communiquant de façon très condensée, tout comme la télépathie.

Imaginez que vous ouvrez un ordinateur et insérez une disquette dans le lecteur. Vous allez décompresser le fichier contenant le discours intérieur que le Maître vous envoie. Essayez de conserver l'essence du message en le convertissant en langage courant. Il n'existe aucun programme utilitaire qui traduira fidèlement une conversation intérieure en mots concrets.

Le présent exercice est parfois plus difficile à pratiquer que d'essayer de conserver le sens exact d'un message en français qui est traduit d'abord en anglais, puis en espagnol et de nouveau en français.

97. Un moyen facile de résoudre ses problèmes karmiques

Si vous avez l'impression de ployer sous les difficultés karmiques, voici un moyen facile d'en résoudre une certaine partie.

Accomplissez toutes vos actions au nom du Mahanta, le Maître ECK Vivant. Vaquez à vos occupations habituelles en sachant que chacune est faite pour servir le Maître. En effectuant une tâche ou un travail, soyez conscient que vous le faites par amour pour le Maître. Lorsque vous balayez le sol de votre maison, faites-le par amour pour le Maître plutôt que par amour pour la maison, votre famille ou les visiteurs.

Vous mettrez ainsi de l'amour divin dans tout ce que vous faites. Toute activité accomplie dans l'amour divin permet de brûler les impuretés karmiques et de grandir spirituellement. C'est parfois un moyen aussi valable que le Voyage de l'Âme lui-même.

Faites cet exercice avec diligence. La vie vous enseignera comment déceler les messages silencieux du Mahanta, le Maître ECK Vivant.

98. À la tête de la file

Pensez à l'existence que vous menez actuellement, puis chantez HU et imaginez plutôt ce que vous aimeriez vivre. Faites cet exercice pendant quelques minutes, de façon assidue. Puis détendez-vous et confiez la situation à l'Esprit saint, au ECK.

Un Africain a utilisé cette technique lorsque la clinique où il avait amené son fils gravement malade était comble. Après quatre heures d'attente, il a commencé à douter de ne jamais voir de médecin. L'état de son garçon s'aggravait d'heure en heure.

Lorsqu'il a essayé la présente technique, il a imaginé qu'il s'avançait avec son fils jusqu'à la tête de la longue file pour voir le médecin et même qu'il franchissait les portes de la salle où ce dernier traitait les patients.

Peu de temps après qu'il a commencé l'exercice, un médecin arrivant de l'extérieur est entré dans la salle d'attente. Il a vu le fils de l'ECKiste étendu sur un canapé et qui commençait à transpirer à profusion.

En s'approchant du garçon, le médecin a demandé : « Qui est le père de cet enfant ? » « C'est mon fils », lui a répondu l'ECKiste. « Je vais le voir immédiatement, lui a-t-il dit, il pourrait être gravement malade. »

Lorsque vous pratiquez cette technique avec un coeur pur et que vous en confiez l'issue au ECK, de grands changements pourraient survenir dans votre vie.

99. Comment discipliner ses propres pensées

Si vous recherchez Dieu, toutes vos facultés mentales doivent viser ardemment la réalisation de ce but. Ne surchargez jamais votre esprit de pensées insignifiantes ou inutiles, de lectures abondantes, d'un trop grand nombre de projets ou d'efforts physiques excessifs. Gardez-le clair, calme et rempli du corps radieux du Maître ECK Vivant.

Si quelqu'un veut vous imposer sa volonté et que vous vous sentez forcé d'agir à cause de sa forte personnalité ou de sa coercition, pensez simplement au Mahanta, le Maître ECK Vivant, et il viendra à votre secours.

Si vous voulez discipliner vos propres pensées :

1. remplissez-vous de Dieu et centrez vos pensées sur sa présence ;
2. abandonnez-vous au Mahanta, le Maître ECK Vivant ;
3. maîtrisez les vibrations.

Pour se rendre maître des vibrations, il faut que des sentiments accompagnent vos efforts. Vous devez avant tout trouver un symbole intérieur approprié. Si vous gardez constamment l'image du Mahanta, le Maître ECK Vivant, devant votre oeil spirituel, vous attirerez de bonnes vibrations.

Lorsque votre cerveau devient incontrôlable et que vous êtes assailli d'idées nuisibles, cessez de vous démener en vous bourrant le crâne de pensées oiseuses, car cet engorgement créera justement ce que vous redoutez. Pensez plutôt au Mahanta, le Maître ECK Vivant, qui est la Lumière et le Son intérieurs.

Les ténèbres s'estomperont en vous, faisant place à la lumière et à la joie. Vous serez alors le maître de votre esprit et de vos pensées.

100. Se fixer des objectifs

Premièrement, choisissez un but à atteindre ou prenez un problème qui doit être réglé, puis fixez-vous des objectifs clairs.

Deuxièmement, posez-vous les questions suivantes, car vos objectifs doivent réussir quatre tests : 1) sont-ils spécifiques ? 2) sont-ils réalistes ? 3) les résultats peuvent-ils être vérifiés ? et 4) quelle est la date limite de leur réalisation ?

Évidemment, vous devez ensuite faire le nécessaire dans votre quotidien pour que ces buts deviennent réalité. En ce faisant, vous pouvez aussi utiliser une technique de visualisation ou de rêverie pour vous aider. Ayez d'abord en tête une image précise de votre objectif, comme ce que vous voulez être ou faire dans l'existence, puis entourez-la d'un amour sans borne, car l'amour est la véritable force créatrice qui abolit toutes les limites.

Presque toutes les personnes célèbres ou celles ayant connu du succès se sont servies de cette méthode. Pour le chela ECK, les Maîtres ECK ont établi comme objectif la réalisation de Dieu et devenir un collaborateur divin. En entourant cette image d'amour, vous pourrez passer au travers des périodes difficiles.

101. Un remède contre la peur

Pour pouvoir utiliser votre imagination, vous devez être tout à fait calme. Si vous êtes agité et que vos pensées et vos émotions s'éparpillent en tous sens, essayez l'exercice suivant pour retrouver la tranquillité intérieure.

Choisissez un passage du *Shariyat-Ki-Sugmad* qui semble correspondre à votre situation. Par leur composition, les versets de ce livre sacré peuvent vous mettre en harmonie avec un niveau de conscience supérieur. C'est un bon remède contre la peur.

Répétez le passage choisi jusqu'à en être imprégné. Vous sentirez que votre conscience s'élève et que vos mondes intérieurs se calment et s'apaisent. Vous pourrez alors vous placer consciemment au-dessus de vos problèmes et les regarder objectivement comme s'ils vous étaient étrangers.

Lorsque vous êtes capable de regarder une situation clairement et avec détachement, c'est-à-dire en ayant une vue d'ensemble plutôt qu'une vision partielle, vous pouvez la modifier à votre gré.

102. Ce qui saute aux yeux

Durant une journée ou une semaine, notez les incidents inhabituels sur lesquels le ECK attire votre attention pour vous amener à faire un autre pas afin de régler un problème. Tout ce qui retient votre attention pourrait bien être une facette de la Voix d'Or de la Sagesse. Pour s'en servir, il suffit d'en être conscient.

Le ECK vous donnera parfois des avertissements. Si vous entendez une sonnette d'alarme, par exemple, il faudra en trouver la raison. Il se pourrait que le ECK vous prévienne d'être vigilant, attentif, sur vos gardes. Le cri soudain d'un oiseau pourrait être un signe d'agir avec prudence, de se dépêcher ou de prêter attention.

Dans les régions inférieures, les mondes du ECK s'emboîtent comme les morceaux d'un puzzle. En étant davantage conscient, vous comprenez de mieux en mieux les mondes interreliés du ECK. Ainsi, lorsque vous ou quelqu'un de votre entourage vivez une certaine expérience, vous voyez comment elle cadre avec les circonstances et pouvez en interpréter le sens.

103. La création d'un monde meilleur

Si vous vivez une expérience désagréable ou avez fait un rêve déplaisant ou incompréhensible, faites-en le sujet d'une contemplation. Commencez par chanter HU pendant quelques minutes, puis revivez le rêve ou l'expérience en pensée. Visualisez ensuite une porte s'ouvrant sur une lumière dorée, la Lumière de Dieu.

Prenez alors l'expérience désagréable tapie dans l'obscurité, le silence et la solitude et mettez-la dans l'embrasure de la porte où elle s'efface dans la Lumière et le Son de Dieu.

En accomplissant cet exercice, vous prendrez l'habitude de rechercher un monde meilleur, plus créatif, qui saura vous satisfaire davantage intérieurement. Vous apprenez à maîtriser votre vie avec l'aide du Maître intérieur, le Mahanta. Vous devenez une Âme éveillée, le créateur de vos propres mondes.

Vous vous trouverez soudainement hors de votre corps physique en train de le regarder dans la pièce où il se trouve. Vous êtes maintenant prêt à entreprendre un court voyage dans les autres mondes.

Chapitre dix

Le Voyage de l'Âme

104. La voie facile

Juste avant de vous coucher le soir, concentrez-vous sur votre oeil spirituel, qui est situé entre les sourcils. Chantez HU ou Dieu intérieurement et en silence.

Avec la vision intérieure, fixez votre attention sur un écran noir et essayez de ne rien voir. Si des images mentales surgissent involontairement, remplacez-les par la figure du Maître ECK Vivant.

Après quelques minutes, vous entendrez un léger bruit sec dans une oreille ou le son d'un bouchon qu'on fait sauter. Vous vous trouverez soudainement hors de votre corps physique en train de le regarder dans la pièce où il se trouve. Vous êtes maintenant prêt à entreprendre un court voyage dans les autres mondes.

Soyez sans crainte, car il ne peut rien vous arriver pendant que vous êtes hors de votre corps. Vous ne le savez peut-être pas, mais le Mahanta est à vos côtés pour surveiller ce que vous faites. Après un certain temps, l'Âme réintégrera doucement son corps physique. Vous ne sentirez qu'une légère secousse.

Si vous n'avez aucun succès à votre premier essai, recommencez. Cette technique fonctionne puisque d'autres personnes ont réussi.

105. Faire le tour de la pièce

Pour faire l'exercice suivant, vous devez utiliser le corps imaginaire.

Assoyez-vous confortablement dans un fauteuil et dites : « Je m'en vais me balader un peu dans le corps de l'Âme. » Fermez les yeux et regardez à l'intérieur de votre oeil spirituel calmement et paisiblement. Chantez HU pendant une ou deux minutes, puis imaginez que vous vous levez.

Si je faisais cette contemplation, je dirais : « Je vais me lever de mon fauteuil dans le corps de l'Âme et marcher devant la table. Je vais m'intéresser vivement aux objets qui m'entourent comme la couleur de la nappe, des fleurs et du vase.

« Pendant que mon corps physique fait une contemplation les yeux fermés, je vais examiner les rideaux dans le corps imaginaire, les toucher et sentir la douceur du beau tissu jaune. »

Soyez curieux et regardez ce qui se trouve sous le rideau. Observez le sol et notez très attentivement les moindres petits détails.

Dirigez-vous ensuite vers la porte et tournez la poignée. Regardez comment elle est faite. Avant d'ouvrir la porte, dites : « Je vais voir le Maître intérieur qui se trouve de l'autre côté. » Ouvrez la porte. Le Maître y est et vous demande : « Es-tu enfin prêt ? Allons nous promener dehors. »

Vous vous baladez avec Wah Z tout en admirant le paysage. Échangez des propos sur la vie courante, sans aborder de sujets spirituels sérieux.

Lorsque vous aurez envie de revenir, dites à Wah Z : « Pourrions-nous revenir chez moi maintenant ? J'aimerais me voir assis dans mon fauteuil. » Revenez dans la pièce. Pendant que vous faites cet exercice, rappelez-vous de chanter HU ou votre mot secret de temps à autre.

Ouvrez la porte, avancez et regardez votre corps. Dites alors : « Je te verrai plus tard Wah Z. Je ferais mieux de m'asseoir et de réintégrer mon corps. »

Mettez fin à l'exercice en retournant vous asseoir dans votre fauteuil et en ouvrant les yeux.

En pratiquant cet exercice spirituel, l'Âme s'habituera à s'éloigner de son corps physique. Au début, vous ne ferez qu'imaginer la scène, puis avec la pratique, vous renforcerez l'expérience. Un jour, vous vous trouverez dans un état de conscience supérieur, exactement comme vous l'avez imaginé.

106. Un exercice agréable à faire avant de s'endormir

Essayez de faire l'exercice spirituel suivant chaque soir avant de vous endormir. Fermez les yeux et chantez HU ou votre mot secret pendant cinq minutes.

Puis juste avant de tomber endormi, dites au Mahanta : « Aurais-tu la bienveillance de m'amener à l'endroit où je peux apprendre ce qui est important pour mon développement spirituel. Conduis-moi dans un Temple de Sagesse d'Or. »

Vous pouvez aussi lui dire : « Montre-moi comment faire le Voyage de l'Âme, je t'en donne la permission. »

Si vous maintenez un coeur d'or, c'est-à-dire le point de vue de l'Âme, il vous sera plus facile d'avoir des expériences intérieures et d'oublier la peur. Si vous êtes effrayé pendant le Voyage de l'Âme, c'est que vous êtes en proie à d'autres peurs et qu'elles ralentissent votre progrès.

107. Les techniques de visualisation

On peut faire le Voyage de l'Âme de deux façons. La première est le mouvement manifeste du corps de l'Âme à travers les plans du temps et de l'espace. En fait, il ne s'agit pas vraiment d'un mouvement puisque l'Âme vit déjà sur tous les plans. Elle s'harmonise plutôt avec les états et les conditions stationnaires qui existent déjà dans les mondes inférieurs, ce qui donne l'impression d'un mouvement ou d'un déplacement.

C'est la raison pour laquelle on utilise des techniques de visualisation pour faire le Voyage de l'Âme. Vous imaginez une scène et vous y êtes dans votre corps atmique. Parce que vous avez l'impression de vous déplacer très rapidement, vous pensez voyager, alors que c'est plutôt le décor qui change autour de vous.

Pour pratiquer cette technique, prenez une scène vécue et dirigez son déroulement. Imaginez par exemple les vagues de la mer déferlant sur une plage. Essayez ensuite de voir la mer aussi calme que les eaux d'un lac. Exercez-vous sur les objets qui vous sont familiers en les immobilisant ou en arrêtant leur mouvement.

Vous pourriez aussi entendre un son, comme celui du vent s'engouffrant dans un tunnel et avoir l'impression de vous déplacer à une vitesse incroyable.

La seconde forme du Voyage de l'Âme est l'élargissement de la conscience. Cet état se rapproche le plus de la véritable révélation ou illumination personnelle que nous cherchons à obtenir sur la voie du ECK.

108. Une ouverture sur le Voyage de l'Âme

Si le Voyage de l'Âme vous intéresse, vous pouvez essayer la technique suivante ce soir à l'état de rêve. Avant de vous endormir, fermez les yeux et fixez délicatement votre attention sur l'oeil spirituel. Chantez ensuite HU et remplissez-vous d'amour.

Ce sentiment d'amour est nécessaire pour vous aventurer en toute confiance dans des régions inconnues et inexplorées. Une façon de vous remplir d'amour est de vous remémorer une situation agréable qui vous a rempli d'un amour pur.

Pensez ensuite intérieurement au personnage qui représente votre idéal à ce moment-ci, comme le Christ ou l'un des Maîtres ECK, et dites tout bonnement : « Je te donne la permission de m'amener à l'endroit où je pourrais grandir le plus spirituellement. » Chantez alors HU, Dieu ou un autre mot sacré intérieurement ou à voix haute.

Essayez d'imaginer que vous pénétrez dans les mondes intérieurs et que la personne qui vient à votre rencontre est un ami cher.

Si vous n'obtenez aucun résultat la première fois, essayez sans relâche. Les exercices spirituels sont comme les exercices physiques : avant que les muscles ne se développent, il faut s'entraîner plus d'une fois. Vous ne réussirez peut-être pas du premier coup. Si vous faites un exercice physique pendant trente jours, vous serez certainement plus fort qu'au début.

La même chose s'applique aux exercices spirituels ECK. Ils ont pour but d'ouvrir un passage ou une voie entre vous et l'Esprit saint, appelé la Vague de vie audible, c'est-à-dire la vague qui provient du coeur de Dieu. Dès que vous commencez à chanter HU et à chercher la vérité de cette façon, des changements se produisent en vous, que vous en soyez conscient ou non.

109. Pour déverrouiller la porte de la vérité

Le ECK présente toujours la même vérité, mais chacun la perçoit différemment. Le mot donné lors des initiations ECK est votre clé personnelle de la vague de vie du ECK. Vous devez cependant l'essayer et voir comment elle fonctionne.

Au début, il se pourrait que la clé tourne mal ou que la serrure soit coincée. Vous pouvez régler ce problème en utilisant la technique créatrice suivante dans vos exercices spirituels.

En chantant votre mot secret, imaginez qu'il a la forme d'une clé. Insérez-la dans la serrure et ouvrez la porte de la pièce baignée de Lumière et de Son. Si vous n'obtenez aucun résultat, essayez une autre méthode. La clé pourrait être la bonne, mais la serrure défectueuse. Utilisez votre clé, tentez des expériences et faites divers essais.

110. Un rappel

Si vous désirez effectuer le Voyage de l'Âme pendant que vous dormez, pensez-y plusieurs fois pendant la journée. Dites par exemple : « Ce soir, je vais faire le Voyage de l'Âme en rêvant. »

Votre esprit acceptera plus facilement les idées qui sont répétées que celles qui ne le sont pas.

Visualisez le genre de rêve que vous aimeriez faire comme s'il se déroulait déjà. Après l'avoir imaginé, décrivez les résultats obtenus. Jouez une scène de cinéma dans votre tête où vous exprimez vos sentiments après avoir reçu les conseils ou l'aide souhaités du Maître des Rêves.

111. Les meilleures techniques de Voyage de l'Âme à l'état de rêve

Pour faire le Voyage de l'Âme à l'état de rêve, il faut suivre trois étapes principales :

1. Organisez votre horaire pour être suffisamment reposé le lendemain.

2. Quelques minutes avant de vous endormir, lisez un livre ECK pour indiquer que vous avez l'intention d'exercer une activité spirituelle pendant votre sommeil. Je vous recommande *Le Shariyat-Ki-Sugmad*, premier et deuxième livres, et *L'étranger au bord de la rivière*.

3. Au moment de vous coucher, contemplez l'image du Mahanta, le Maître ECK Vivant. En faisant cet exercice spirituel, invitez-le en lui disant par exemple : « Je t'accueille dans mon coeur comme si c'était ma maison. Entres-y dans la joie. »

Endormez-vous comme d'habitude, tout en laissant l'Âme guetter la venue du Maître. Recherchez ma présence, car je suis toujours avec vous.

112. Les premiers points de repère du Voyage de l'Âme

Une autre façon de quitter le corps en faisant le Voyage de l'Âme est de vous étendre après un repas lorsque vous êtes somnolent. Accordez-vous une sieste de cinq minutes et observez la façon dont vous tombez endormi. Si vous pratiquez cet exercice avec votre conjoint, donnez-lui rendez-vous hors du corps quelques instants plus tard. Puis observez attentivement votre partenaire sortir de son corps physique pour entrer dans son corps spirituel dans une explosion de lumière resplendissante.

Nous quittons tous notre corps en nous endormant, mais nous le faisons inconsciemment. Pour le Voyage de l'Âme, nous essayons de le faire en étant pleinement conscient.

Dès l'instant où l'Âme quitte le corps, elle se retrouve dans une zone gris bleu qui avoisine le monde physique et donne accès au plan astral. En passant du corps physique au corps astral, on a l'impression de glisser dans une vaste ouverture où flottent des vents légers ; cette ouverture est l'iris de l'oeil spirituel. L'Âme pénètre dans cette zone neutre aux tons bleu gris dans sa forme astrale, laquelle a l'aspect d'une membrane constituée d'un millier d'étoiles étincelantes.

Cette zone intermédiaire ou ce corridor entre les mondes physique et astral ressemble au silo souterrain d'une énorme fusée d'environ soixante mètres de diamètre et de plus de sept cents mètres de hauteur. Le sommet de cette cavité circulaire est ouvert et vous pourriez voir une voûte lumineuse blanche, un ciel noir parsemé de petites étoiles scintillantes ou encore une scène pastorale près d'une rivière dont les eaux chantonnent un hymne à la vie.

Peu importe la scène qui apparaît dans cette ouverture, l'Âme est attirée vers elle à une vitesse vertigineuse. La plupart des personnes ne commencent à se souvenir de leurs rêves qu'après avoir quitté la zone de lancement entre les deux mondes et être arrivées à une destination lointaine sur le plan astral.

113. Fixer un objet brillant

La technique suivante vous permet de parvenir à un état de conscience autre que celui de votre condition physique actuelle en vous concentrant sur un objet brillant comme une pièce de monnaie.

Fixez une pièce de monnaie brillante qui reflète la lumière ou un petit miroir qui capte les rayons lumineux. Puis concentrez-vous sur votre désir de sortir du corps.

En ce faisant, répétez tout bas, calmement et à maintes reprises la phrase suivante jusqu'à ce qu'elle devienne réalité : « Je quitte mon corps. Je m'en vais à (dites l'endroit où vous désirez aller). »

Vous vous retrouverez soudainement hors de votre corps en train de le regarder.

114. Un exercice d'assouplissement

Pour faire la technique suivante, assoyez-vous par terre. Fermez les yeux et étendez les jambes devant vous. Prenez une profonde respiration et touchez vos orteils du bout des doigts. Allez jusqu'où vous pouvez, sans forcer.

En même temps, chantez le mot *Sugmad* en deux parties. Les deux syllabes sont chantées en expirant très longuement. En vous penchant vers l'avant, chantez la première syllabe, *SUG* (se prononce SOUG), puis en vous redressant, chantez la deuxième, *mad* (se prononce madde).

Cet exercice ouvre la conscience afin que l'Âme puisse visiter les mondes supérieurs. Il est très important de répéter l'exercice sept fois, de prendre une pause, puis de le refaire cinq fois. Reposez-vous ensuite quelques instants et reprenez encore une fois depuis le début. Après avoir quitté le corps, cessez l'exercice.

Ne faites pas cet exercice pendant plus d'une demi-heure.

Le Maître ECK Vivant vous attend dans sa forme radieuse. Il surveille constamment l'arrivée de son disciple bien-aimé dans son corps atmique.

Chapitre onze

Rencontrer les Maîtres ECK

115. Un test de mémoire

Le Maître intérieur m'a amené un jour dans son bureau et a pris une photographie sur sa table de travail. Il m'aidait à mieux me souvenir des détails, ce qui est bien utile pour se rappeler les voyages effectués dans le Pays lointain. Je ne connaissais pas la personne qu'on voyait sur la photo.

« Observe son nez, m'a-t-il ordonné. Peux-tu me décrire quelques traits caractéristiques ? »

Son nez n'avait rien de particulier, mais en l'examinant de plus près, j'ai aperçu une forme triangulaire dans une de ses parties et adjacente à celle-ci, une autre figure géométrique, comme un ovale.

Il m'a suggéré ensuite de faire la même chose pour tout le visage.

Mais lorsque le Maître intérieur a caché le visage de l'homme et m'a demandé de le décrire de mémoire, j'étais bien en peine de le faire.

J'ai dû examiner la photo à nouveau. Il m'était extrêmement difficile de saisir l'astuce, même en sachant que les Maîtres ECK étaient habiles dans ce genre d'identification. Cette méthode a pour but d'exercer l'esprit à se rappeler de renseignements importants.

Vous pouvez pratiquer cet exercice avec un

Maître ECK Vivant ou d'un autre
fin de mieux vous souvenir de vos
rs du Voyage de l'Âme.

116. Une promenade sur la plage avec Rebazar

Si vous voulez faire le Voyage de l'Âme, voici un exercice facile qui vous permettra de rencontrer le Maître ECK Rebazar Tarzs ou d'effectuer un court voyage dans les mondes de Dieu.

Imaginez que vous êtes sur une plage, marchant dans le sable tout près du bord de l'eau. Des vagues chaudes viennent lécher vos pieds et les embruns de l'océan rafraîchissent votre visage. Au-dessus de votre tête, des goélands blancs volent silencieusement dans le vent.

Inspirez lorsque les vagues déferlent sur le rivage dans votre direction et, en expirant, chantez doucement *Rebazar* (RÉ-ba-zar) au rythme des vagues qui retournent à la mer. Faites cet exercice pendant vingt à trente minutes tous les jours et après l'avoir maîtrisé, Rebazar apparaîtra et vous révélera la sagesse de Dieu.

Si vous habitez près de la mer, marchez le long de la plage pour vous imprégner des sons de l'océan ou encore imaginez la sensation du sable sous vos pieds, l'écume de l'océan et les eaux turquoise qui touchent l'horizon. Servez-vous de ces images pour faire votre exercice quotidien du Voyage de l'Âme.

Même si vous ne voyez jamais Rebazar ou

un autre Maître ECK lors de votre bref Voyage de l'Âme, sachez qu'il y a toujours quelqu'un à vos côtés pour vous tendre la main en cas de besoin.

Vous penserez au début avoir imaginé la rencontre avec Rebazar, mais avec le temps et la pratique, vous découvrirez qu'il possède un corps physique, tout comme vous.

117. Chanter le nom de Gopal Das

Assoyez-vous dans un fauteuil les yeux fermés et chantez le mot *Gopal*. Gopal Das garde l'un des Temples de Sagesse d'Or et est le conservateur de la quatrième partie du Shariyat-Ki-Sugmad, le livre sacré des disciples d'Eckankar.

Son nom sacré se chante en deux syllabes : d'abord *GO*, puis *pal*.

Continuez à chanter en toute quiétude et vous vous trouverez soudainement hors du corps. Vous serez amené jusqu'au Temple de Sagesse d'Or où vous pourrez écouter Gopal Das parler du Shariyat-Ki-Sugmad.

118. Une consultation avec le Maître

Imaginez que vous êtes assis dans une grande salle et attendez votre tour pour consulter le Mahanta. Pendant ce temps, observez la salle. Examinez le fauteuil où vous êtes assis et les autres meubles autour de vous. Vous reconnaissez plusieurs ECKistes et causez un peu avec eux avant que l'on vienne vous chercher.

La porte s'ouvre et vous entrez dans le cabinet pour rencontrer le Mahanta. Vous disposez d'environ quinze à vingt minutes pour lui parler de ce qui vous intéresse avant que l'on frappe à la porte pour vous aviser qu'il ne reste que quelques minutes avant la fin. Puis la porte s'ouvrira et quelqu'un vous dira : « Nous sommes heureux que vous soyez venu » et vous conduira jusqu'à la sortie. Une autre personne entrera alors dans le cabinet.

En pratiquant cet exercice, vous pouvez rencontrer le Mahanta dans les mondes intérieurs pour un entretien privé.

119. Une rencontre avec le Dispensateur de lumière

Imaginez que vous marchez sur un sentier familier dont un côté est sillonné de réverbères surmontés de gros globes lumineux. Une échelle est appuyée sur l'un d'eux. Approchez-vous et montez dans l'échelle. Polissez soigneusement la vitre du globe avec le chiffon et le nettoyeur de vitre que vous avez apportés, de sorte que lorsque la lumière s'allumera, elle brillera clairement au travers.

Concentrez-vous sur votre tâche en y mettant tout votre coeur. En polissant le globe, votre conscience changera et s'ouvrira. Il fera sombre à un moment donné, car l'Âme voyage dans des régions qui lui sont inconnues et lorsqu'il n'y a aucune connaissance, il n'y a point de lumière. Toutefois, ce principe ne s'applique qu'aux mondes inférieurs lorsque vous faites l'expérience du Voyage de l'Âme.

Un détecteur automatique allumera le réverbère dès que vous verrez le ciel s'assombrir. Vous désirez que cette lumière guide vos pas sur la route qui mène à Dieu, mais transporter un réverbère n'est pas très pratique. Imaginez alors qu'il rapetisse et rapetisse encore jusqu'à ce qu'il puisse tenir facilement dans votre main.

Continuez ensuite votre chemin. Rappelez-vous que vous pourriez rencontrer des obstacles, comme le vent, qui tenteront d'éteindre votre lampe. Soyez donc prêt à toute éventualité. Remplissez vos poches de piles, d'allumettes, de mèches, d'essence et de pierres à briquet supplémentaires, en fait de tout ce dont votre lumière a besoin. Si elle s'éteint, ne vous inquiétez pas, rallumez-la tout simplement.

Certaines personnes préféreront visualiser qu'elles débranchent un fil électrique et optent plutôt pour des piles. Ce geste symbolise la corde d'argent qui se détache. Vous possédez maintenant une collection de piles autonomes et pouvez aller où bon vous semble. Au cas où les piles se déchargeraient, vous pourriez toujours trouver dans la nature des silex à frotter contre des matières qui se trouvent autour de vous.

Tout comme les semblables s'attirent, la lumière attire la lumière. Poursuivez votre route en guettant une autre lumière. À un moment donné, vous remarquerez qu'une personne vient dans votre direction, baignant entièrement dans une lumière blanche argentée.

Lorsqu'elle s'approchera, vous verrez qu'il s'agit du Dispensateur de lumière, le Mahanta.

120. La technique Dhyana

Cette technique est facile. Vous n'avez qu'à regarder constamment le visage lumineux du Maître ECK Vivant sur votre écran intérieur. Faites cet exercice pendant une demi-heure tout au plus, à moins d'obtenir des résultats. Le Maître pourrait en effet réagir à votre attention et vous faire sortir du corps pour entreprendre un voyage dans les mondes supérieurs.

Lorsque vous serez concentré sur l'image du Maître, commencez à chanter son nom. Vous pouvez utiliser *Harji*, *Wah Z* ou simplement *Z*. Le Maître ECK Vivant vous attend dans sa forme radieuse. Il surveille constamment l'arrivée de son disciple bien-aimé dans son corps atmique.

121. Le Mahanta frappe à la porte

Au cours de la semaine, plusieurs personnes frapperont ou sonneront à votre porte. Chaque fois que cela se produira, dites intérieurement : « Ce sera le Mahanta, le Maître ECK Vivant. » Soyez très attentif à ce que vous faites à ce moment-là, comme l'endroit où vous marchez, ce que vous touchez et ce que vous voyez. En ouvrant la porte, peu importe la personne qui s'y trouve, observez ses traits et les vêtements qu'elle porte.

Supposons que vous êtes dans la cuisine en train de laver la vaisselle et qu'on sonne à la porte. Observez vos mouvements. Vous prenez une serviette, séchez vos mains, puis vous vous dirigez vers la porte et l'ouvrez. Attendez-vous de voir le Mahanta.

Même si ce n'est que le petit enfant du voisin, sachez que le ECK s'est manifesté pour vous enseigner quelque chose. On pourrait même dire que chacun des êtres répartis sur chaque plan est le Mahanta. D'une certaine façon, le Mahanta vous présente un aspect de la vérité par l'entremise de toutes les personnes que vous rencontrez.

En vous couchant ce soir-là, pensez à toutes les fois où vous avez rencontré des visiteurs. Reconstituez les gestes que vous avez accomplis depuis le moment où vous avez entendu un coup à la porte jusqu'à ce que vous l'ayez ouverte : la personne a frappé à plusieurs reprises ; vous avez remarqué tel et tel objet en allant ouvrir ; vous saviez que le Mahanta serait là. Qui avez-vous vu en ouvrant la porte ? Peut-être était-ce le livreur de journaux venu réclamer son dû. Rappelez-vous les détails : Que portait-il ? Que vous a-t-il dit ? Vous pouvez intégrer le présent exercice à vos activités quotidiennes. Essayez-le au cours de la journée. L'effort que vous y consacrerez portera des fruits le soir venu.

Vous vous habituerez à ouvrir la porte à la personne que vous espériez justement voir. Cet exercice aide à ouvrir le coeur pour que vous puissiez ouvrir la porte avec amour. Faute de quoi, vous ne verrez jamais le Maître intérieur. Si vous arrivez à ouvrir la porte avec amour, le Maître viendra à vous, parce que le Mahanta est toujours présent.

Les exercices spirituels donnent de meilleurs résultats lorsque vous les accomplissez avec bonne volonté, le coeur rempli de bonheur et dans l'attente joyeuse de voir le Mahanta.

Chapitre douze

Les exercices spirituels ECK en cas de pépin

122. Dépasser la peur

Si vous avez peur en pratiquant les techniques du Voyage de l'Âme, commencez votre contemplation en disant : « J'aime le Sugmad de tout mon être. »

Que se passe-t-il lorsque vous aimez quelqu'un ou quelque chose de tout votre coeur ? Vous n'avez plus peur ! Commencez donc votre contemplation le coeur rempli de bonheur en pensant à un événement qui vous a rendu des plus heureux.

Évidemment, cela demande un peu de pratique, mais faites confiance au Mahanta et chantez votre mot. Il sera à vos côtés pour vous protéger en tout temps.

J'espère que le présent exercice vous aidera à surmonter vos craintes. Il est normal d'être effrayé, mais vous constaterez que la peur s'atténuera si vous pratiquez régulièrement vos exercices spirituels.

123. Une nouvelle perspective

On pratique les exercices spirituels avec plus d'ardeur lorsque tout semble aller de travers. Pourquoi ? Peut-être parce que l'on veut forcer les événements à prendre la tournure que *l'on* pense être la meilleure ou que la situation est plus difficile que prévue.

Pratiquez quand même un exercice spirituel lorsque tout va mal. Toutefois, exécutez-le en ayant une attitude différente.

Demandez au Mahanta : « Quelle est ta volonté ? » Puis chantez HU et concentrez-vous sur le problème. Le Maître vous montrera comment grandir spirituellement en lui faisant face.

En vous couchant le soir, dites intérieurement de façon très détendue : « Je ne vais pas me tracasser au sujet de l'exercice spirituel ni même y penser. Si le Maître intérieur veut que je vive une certaine expérience, c'est d'accord, mais je ne vais rien tenter, je vais tout simplement me reposer. »

Regardez ensuite sur votre écran intérieur et chantez jusqu'à ce que vous tombiez endormi. La tension ou la peur que vous ressentez à l'égard du Voyage de l'Âme s'atténuera.

Un exercice donné portera des fruits pour certains d'entre vous, tandis que d'autres personnes devront trouver une façon différente d'accomplir leurs exercices spirituels. Essayez de nouvelles techniques.

En pratiquant vos exercices spirituels, organisez des activités agréables à réaliser sur les plans intérieurs. Si une certaine technique ne vous donne pas les résultats escomptés, modifiez-la, adaptez-la et tentez des expériences. Faites tout ce que vous pouvez et amusez-vous.

124. Pourquoi tenir un journal ?

Lorsque vous faites un exercice, tenez un journal de ce que vous vous rappelez de vos rêves ou de vos expériences éveillées. Même s'il ne s'agit que d'un sentiment, prenez-en note.

Le fait d'écrire vous aide à acquérir la discipline nécessaire pour que l'Âme puisse se frayer plus facilement un chemin à travers les méandres de la pensée et des corps inférieurs afin que vous soyez conscient de ce qui se passe sur les plans intérieurs.

Si vous pouvez vous rappeler d'une expérience, vous êtes en mesure d'utiliser les connaissances ésotériques que le Mahanta vous transmet.

125. L'esprit d'amour

Les exercices spirituels donnent de meilleurs résultats lorsqu'ils sont faits avec bonne volonté, le coeur rempli de bonheur et dans l'attente joyeuse de voir le Mahanta.

Sur les plans intérieurs, le Mahanta est la représentation du Sugmad et prend souvent la forme du Maître ECK Vivant. Si vous arrivez à vous imprégner d'amour, vous avez de bonnes chances de réussir le Voyage de l'Âme.

Comment peut-on évoquer cet esprit d'amour ? Il y a plusieurs façons de le faire.

Durant une contemplation, par exemple, pensez à une expérience vécue où vous étiez rempli d'amour et votre état de conscience prendra la même couleur. Commencez ensuite à chanter l'un des noms sacrés de Dieu ou votre mot personnel.

Vous êtes la personne qui doit déterminer la couleur que prendra cet amour et le laisser remplir votre coeur. Tout votre être doit être inondé d'amour, non pas à partir de la tête, mais du coeur. En vous préparant à voyager dans les mondes subtils, dites au Maître intérieur : « Mahanta, amène-moi à l'endroit qui me convient le mieux à ce moment-ci. Je m'en remets à toi. »

126. Écouter

Lorsque vous perdez l'habitude d'écouter, la voix du Maître intérieur devient de plus en plus faible, non pas parce qu'il parle moins fort, mais parce que vous avez baissé le volume de l'instrument intérieur de l'Âme.

Une vague de conscience psychique parcourt constamment votre être et lorsque vous chantez votre mot secret ou HU, elle reste pure. À l'inverse, ceux qui cessent de chanter ou de pratiquer leurs exercices spirituels se sentiront soudainement déprimés ou pessimistes sans savoir pourquoi.

La source de leurs états psychiques est devenue contaminée.

En chantant cette prière sacrée ou le nom de Dieu, vous purifiez les pensées qui dirigent vos actions. Votre vie devient alors plus heureuse et plus harmonieuse.

Vous constaterez qu'en écoutant davantage et en pratiquant les exercices spirituels quotidiennement, votre conscience s'élargira progressivement à votre rythme.

127. Lorsqu'il est difficile de visualiser

Parce qu'elle fonctionne différemment de nos yeux physiques, la vision intérieure ne permet pas d'examiner les choses de près. Il s'agit plutôt d'un état de relaxation qui permet de les sentir intuitivement. Elle perçoit en profondeur et offre par conséquent la possibilité de voir davantage avec un minimum d'effort.

Peu importe les difficultés que vous éprouvez avec la visualisation, dites avec fermeté : « Je suis déjà capable de visualiser un peu, je n'ai donc qu'à perfectionner ce que je connais. »

De fait, on visualise tous sans le savoir quand on s'attend à quelque chose. Tant que vous serez insatisfait de votre habileté à visualiser, utilisez plutôt vos émotions et vos pensées de façon consciente.

128. L'intuition

Voici comment le ECK travaille. S'il vous montre comment régler un problème et que vous suivez son conseil, il vous donnera alors d'autres indications sur la façon de mener une meilleure existence.

Par contre, si vous vous laissez aller en disant : « Cela ne pouvait pas vouloir dire telle chose » et que vous n'agissez pas, le ECK ou le Mahanta essaiera à nouveau. Mais quand vous perdez l'habitude d'écouter, la voix du Maître intérieur se fait entendre plus difficilement.

C'est pour cette raison que je vous recommande fortement de continuer les exercices spirituels ECK. Même lorsqu'ils ne semblent pas donner de résultats, vous pourriez remarquer que tout va comme sur des roulettes. Lorsque vous cessez les exercices spirituels, vous perdez la faculté de savoir intuitivement ce que vous devez faire pour mieux diriger votre vie.

129. La patience et la détermination

L'impatience est l'un des obstacles les plus courants que rencontre le nouvel ECKiste. Pour l'ECKiste plus expérimenté, il s'agit souvent de la détermination.

Après avoir fait les exercices spirituels ECK pendant deux ou trois semaines seulement, une personne m'écrira pour se plaindre : « Je m'y prends peut-être de travers. Je n'ai aucune expérience et ma vie semble aller encore plus mal. »

Supposons que vous voulez faire des études de médecine. Cette profession vaut la peine que vous y consacriez toute votre énergie durant une vie entière. Qui s'attendrait à devenir médecin ou à être suffisamment bon pour réaliser une intervention chirurgicale compliquée après deux semaines seulement ?

Pour certains d'entre vous, cela prendra un peu de temps, tandis que d'autres personnes saisiront plus rapidement les exercices spirituels car elles ont préparé le terrain au cours de vies antérieures.

Donner comme excuse que vingt minutes par jour est trop long pour faire les exercices spirituels ECK dénote bien peu d'autodiscipline. C'est comme le gars qui parle de devenir écrivain, mais qui donne toutes sortes de raisons pour lesquelles il n'écrit pas. En vérité, il n'est tout simplement pas déterminé à écrire.

L'ECKiste est-il déterminé à élargir sa conscience ?

130. Continuez vos expériences

J'ai tenté de nombreuses expériences avec les exercices spirituels ECK. J'étais un aventurier, un voyageur. J'accomplissais un exercice spirituel en suivant les directives données dans le discours ECK et si je n'obtenais aucun résultat au bout de deux semaines, je le modifiais un peu.

Si vous trouvez qu'un exercice spirituel n'est plus efficace, c'est peut-être le signe que vous avez dépassé les possibilités de cet exercice ou de votre mot secret et personnel.

Faites preuve d'imagination pour aller un peu plus loin. Trouvez un autre mot ou un nouvel exercice spirituel qui vous permettra d'être en harmonie avec le degré d'épanouissement supérieur que vous avez atteint dans les mondes subtils.

Le Mahanta, le Maître ECK Vivant, a recours à des méthodes nombreuses et variées pour parvenir à faire tomber vos barrières et à vaincre votre résistance. La diversité des exercices spirituels qu'il propose vise à aborder votre état de conscience sous une multitude d'angles différents.

Ne forcez pas cependant la porte de l'Âme. En pratiquant régulièrement les exercices spirituels, ils commenceront à ouvrir progressivement votre conscience.

131. Redonner à la vie

Si vous vous livrez aux exercices spirituels et que la Lumière et le Son de l'Esprit divin débordent en vous, qu'allez-vous faire de cet excédent ?

La plupart des personnes se contentent de contempler et de profiter des expériences intérieures de contact avec la Lumière et le Son, tout en demeurant immobiles comme des souches.

Il est inutile de vous initier à l'ouverture de la conscience si vous ne faites aucun usage de ces connaissances. Vous ne pouvez passer votre vie à contempler sur les vérités supérieures sans rien faire pour tenter d'éclairer un peu vos semblables.

Vous pouvez commencer, par exemple, par rendre un service d'amour à autrui, à un ami, à votre voisin, en accomplissant tout simplement une bonne action chaque jour sans que personne n'en sache rien.

À mesure que vos initiations ECK se succéderont, vous vous trouverez en compagnie d'un plus grand nombre de personnes et aurez davantage d'occasions de les servir et de les aider. Vous apporterez le message de la Lumière et du Son de Dieu selon ce qui sera requis à ce moment-là. Vous le ferez parfois sans parler du ECK, car ses voies sont souvent discrètes.

Lorsque vous servez de canal, vous ne savez jamais précisément ce qui a été accompli par votre intermédiaire.

Il n'y a pas de plus grande joie que d'être un collaborateur de Dieu. Redonner à la vie lorsque le ECK nous pénètre est absolument essentiel pour notre épanouissement spirituel.

Il y aura un plus grand besoin d'amour, de compassion et de compréhension dans les années à venir. Les efforts déployés au service de Dieu et de l'humanité sont plus profitables que les heures passées à juger les autres. L'amour est la clé de la libération spirituelle.

Voulez-vous connaître le secret de l'amour ? Notez ces mots tirés du *Shariyat-Ki-Sugmad*, premier livre : « L'amour ne vient pas à ceux qui le cherchent, mais à ceux qui le donnent. » Contemplez paisiblement sur l'amour et la sagesse divine vous sera accordée.

Je suis toujours avec vous.

Glossaire

Les mots imprimés en PETITES CAPITALES dans les définitions se trouvent définis ailleurs dans le glossaire.

ÂME Soi véritable. Partie intérieure la plus secrète de chaque personne. L'Âme existe avant la naissance et survit après la mort du corps physique. En tant qu'étincelle de Dieu, l'Âme peut voir, connaître et percevoir toutes choses. Elle est le centre créateur de son propre univers.

ARAHATA Enseignant expérimenté et qualifié pour les classes d'ECKANKAR.

CHELA Étudiant en spiritualité.

ECK Force vitale. L'Esprit saint ou le Courant de vie audible qui soutient toute vie.

ECKANKAR Religion de la Lumière et du Son de Dieu. Également connu comme l'ancienne science du VOYAGE DE L'ÂME. Religion vraiment spirituelle, conçue pour l'homme et la femme des temps modernes. C'est le chemin secret qui mène à Dieu au moyen des rêves et du VOYAGE DE L'ÂME. Ses enseignements offrent un cadre approprié à ceux qui veulent poursuivre leurs propres expériences spirituelles. Instituée en 1965 par Paul Twitchell, le fondateur d'ECKANKAR à l'époque moderne.

EXERCICES SPIRITUELS ECK Pratique quotidienne de certaines techniques pour se mettre en contact avec la Lumière et le Son de Dieu.

HU Nom secret le plus ancien pour désigner Dieu. Le chant du mot HU (prononcer *hiou*) est considéré comme un chant d'amour à Dieu. Il est chanté lors des offices spirituels ECK.

INITIATION Le disciple ECK l'obtient grâce à son évolution spirituelle et au don de soi envers Dieu. L'initiation est conférée lors d'une cérémonie privée dans laquelle la personne est reliée au Son et à la Lumière de Dieu.

Glossaire

MAHANTA Titre désignant l'état suprême de la conscience de Dieu sur cette terre, souvent personnifié par le MAÎTRE ECK VIVANT. Celui-ci est la parole de vie. Il représente aussi l'Esprit divin qui vous accompagne constamment.

MAÎTRE ECK VIVANT Titre du chef spirituel d'ECKANKAR. Sa responsabilité est de ramener les ÂMES jusqu'à Dieu. Le Maître ECK Vivant peut aider les étudiants en spiritualité dans le monde physique comme Maître extérieur, dans l'univers du rêve comme Maître des Rêves et sur les plans spirituels comme Maître intérieur. Sri Harold Klemp est devenu le MAHANTA, le Maître ECK Vivant en 1981.

MAÎTRES ECK Maîtres spirituels qui assistent les disciples dans leurs études spirituelles et les protègent durant leurs voyages. Les Maîtres ECK font partie d'une longue lignée d'ÂMES qui ont atteint la réalisation de Dieu et comprennent la responsabilité qui va de pair avec la liberté spirituelle.

PLANS Sphères du ciel, tels les plans astral, causal, mental, éthérique et le plan de l'Âme.

SATSANG Classe dans laquelle les disciples ECK étudient une leçon mensuelle en provenance d'ECKANKAR.

LE SHARIYAT-KI-SUGMAD Écritures sacrées d'ECKANKAR. Celles-ci comportent douze volumes dans les mondes spirituels. Les deux premiers ont été tirés des mondes intérieurs par Paul Twitchell, le fondateur d'ECKANKAR à l'époque moderne.

SON ET LUMIÈRE DU ECK L'Esprit saint. Les deux aspects sous lesquels Dieu se manifeste dans les mondes inférieurs. Les gens peuvent expérimenter ces deux aspects en regardant et en écoutant en eux-mêmes ou en s'adonnant au VOYAGE DE L'ÂME.

SRI Titre de respect à caractère spirituel, comparable à « révérend » ou « abbé », donné à ceux qui ont atteint le royaume de Dieu.

SUGMAD Nom sacré de Dieu. Sugmad n'est ni masculin ni féminin. Il est la source de toute vie.

VOYAGE DE L'ÂME Expansion de la conscience. Capacité de l'ÂME de transcender le corps physique et de se rendre jusque dans les mondes spirituels de Dieu. Cette pratique n'est enseignée que par le MAÎTRE ECK VIVANT. Elle aide l'adepte à s'épanouir spirituellement et peut lui fournir la preuve de l'existence de Dieu ainsi que de la survie après la mort.

WAH Z Nom spirituel de Sri Harold Klemp. Il signifie Doctrine secrète. C'est son nom dans les mondes spirituels.

Bibliographie

Chapitre premier : Introduction aux exercices spirituels ECK

1. *Journey of Soul*, Mahanta Transcripts, Book 1.
   Be the HU.
   The Dream Master, Mahanta Transcripts, Book 8.
2. *La parole de vie*, tome 2.
3. *Be the HU*
   Unlocking the Puzzle Box, Mahanta Transcripts, Book 6.
4. Ibid.
5. *The Secret Teachings*, Mahanta Transcripts, Book 3.
6. *Soul Travelers of the Far Country.*

Chapitre deux : Les exercices relatifs aux rêves

7. *The ECK-Ynari.*
8. *The Dream Master*, Mahanta Transcripts, Book 8.
9. Ibid.
10. *Ask the Master*, Book 2.
    Cloak of Consciousness, Mahanta Transcripts, Book 5.
11. *Letter of Light*, hiver 1987.
12. *The ECK-Ynari.*
    Le ECK-Vidya, ancienne science de prophétie.
13. *The ECK-Ynari.*
14. *Le livre des paraboles ECK*, tome 1.
    Le ECK-Vidya, ancienne science de prophétie.
15. *The Book of ECK Parables*, Volume 3.
16. *The Living Word*
17. Ibid.
18. *The Golden Heart*, Mahanta Transcripts, Book 4.
19. *Cloak of Consciousness*, Mahanta Transcripts, Book 5.
20. *Le ECK-Vidya, ancienne science de prophétie.*
    The ECK-Ynari.

Bibliographie

21. *The Golden Heart*, Mahanta Transcripts, Book 4.

Chapitre trois : La guérison et la protection

22. *The Secret Teachings*, Mahanta Transcripts, Book 3.
23. *The Mystic World*, hiver 1983.
24. *The Book of ECK Parables*, Volume 3.
25. *Dialogues with the Master.*
26. *Cloak of Consciousness*, Mahanta Transcripts, Book 5.
    Soul Travelers of the Far Country.
27. *The Secret Teachings*, Mahanta Transcripts, Book 3.
28. *The Living Word.*
29. *Le livre des paraboles ECK*, tome 1.
    The Golden Heart, Mahanta Transcripts, Book 4.
30. *Cloak of Consciousness*, Mahanta Transcripts, Book 5.
31. *ECKANKAR: The Illuminated Way Letters.*
32. *Cloak of Consciousness*, Mahanta Transcripts, Book 5.
33. *The Golden Heart*, Mahanta Transcripts, Book 4.
34. *Letters to Gail*, Volume III.
35. *The Book of ECK Parables*, Volume 3.
36. *Le livre des paraboles ECK*, tome 1.
    The Golden Heart, Mahanta Transcripts, Book 4.

Chapitre quatre : Des exercices pour trouver l'équilibre et l'harmonie

37. *Cloak of Consciousness*, Mahanta Transcripts, Book 5.
    Soul Travelers of the Far Country.
38. *The Golden Heart*, Mahanta Transcripts, Book 4.
39. *The Secret Teachings*, Mahanta Transcripts, Book 3.
40. *Cloak of Consciousness*, Mahanta Transcripts, Book 5.
    Letter of Light, printemps 1989.
41. *The Secret Teachings*, Mahanta Transcripts, Book 3.
42. *Le Shariyat-Ki-Sugmad*, deuxième livre.
43. Ibid.
44. *Earth to God, Come In Please* . . .
45. *Unlocking the Puzzle Box*, Mahanta Transcripts, Book 6.
46. *The Golden Heart*, Mahanta Transcripts, Book 4.
    Ask the Master, Book 2.
47. *Cloak of Consciousness*, Mahanta Transcripts, Book 5.

48. *The Book of ECK Parables*, Volume 3.
Le Shariyat-Ki-Sugmad, deuxième livre.

Chapitre cinq : Comment résoudre les problèmes

49. *Soul Travelers of the Far Country.*
50. *The Secret Teachings*, Mahanta Transcripts, Book 3.
51. *Le livre des paraboles ECK*, tome 2.
52. *Letters to Gail*, Volume I.
53. *La flûte de Dieu.*
The Secret Teachings, Mahanta Transcripts, Book 3.
54. *Letters to Gail*, Volume III.
55. *Le livre des paraboles ECK*, tome 2.
56. Ibid.
57. *The Secret Teachings*, Mahanta Transcripts, Book 3.
Cloak of Consciousness, Mahanta Transcripts, Book 5.
58. *The Secret Teachings*, Mahanta Transcripts, Book 3.
59. *Cloak of Consciousness*, Mahanta Transcripts, Book 5.
60. *The Mystic World*, septembre–octobre 1982.

Chapitre six : La Lumière et le Son de Dieu

61. *Journey of Soul*, Mahanta Transcripts, Book 1.
62. *The Golden Heart*, Mahanta Transcripts, Book 4.
63. *Cloak of Consciousness*, Mahanta Transcripts, Book 5.
64. *Child in the Wilderness.*
65. *Le carnet de notes spirituel.*
66. *The Secret Teachings*, Mahanta Transcripts, Book 3.
Cloak of Consciousness, Mahanta Transcripts, Book 5.
67. *Le carnet de notes spirituel.*
68. *The Golden Heart*, Mahanta Transcripts, Book 4.
Letter of Light, automne 1989.
Unlocking the Puzzle Box, Mahanta Transcripts, Book 6.
69. *The Living Word.*
70. *ECKANKAR: Compiled Writings*, Volume 1.
Le livre des paraboles ECK, tome 2.
71. *Unlocking the Puzzle Box*, Mahanta Transcripts, Book 6.
72. *L'étranger au bord de la rivière.*

Bibliographie

Chapitre sept : L'autodiscipline

73. *What Is Spiritual Freedom?* Mahanta Transcripts, Book 11.
74. *The Book of ECK Parables*, Volume 3.
75. Ibid.
76. *Cloak of Consciousness*, Mahanta Transcripts, Book 5.
77. *What Is Spiritual Freedom?* Mahanta Transcripts, Book 11.
78. *Ask the Master*, Book 1.
79. *The Mystic World*, septembre–octobre 1982.
80. *Le Shariyat-Ki-Sugmad*, premier livre.

Chapitre huit : Des techniques applicables sans fermer les yeux

81. *Cloak of Consciousness*, Mahanta Transcripts, Book 5.
82. *Letters to Gail*, Volume I.
83. *How to Find God*, Mahanta Transcripts, Book 2. *Wisdom of the Heart.*
84. *Ask the Master*, Book 1.
85. *Letters to Gail*, Volume III.
86. *Letter of Light*, automne 1991.
87. *Le livre des paraboles ECK*, tome 1.
88. *Cloak of Consciousness*, Mahanta Transcripts, Book 5.
89. *The Living Word.*
90. *Soul Travelers of the Far Country.*
91. *How to Find God*, Mahanta Transcripts, Book 2.

Chapitre neuf : Soyez maître de votre destin

92. *How to Find God*, Mahanta Transcripts, Book 2. *Cloak of Consciousness*, Mahanta Transcripts, Book 5.
93. *Ask the Master*, Book 1.
94. *Ask the Master*, Book 2.
95. *The Secret Teachings*, Mahanta Transcripts, Book 3.
96. *Ask the Master*, Book 1.
97. *ECKANKAR: Illuminated Way Letters.*
98. *The Book of ECK Parables*, Volume 3.
99. *Dialogues with the Master.*
100. *Letter of Light*, printemps 1985.

101. *Letters to Gail*, Volume I.
102. *Cloak of Consciousness*, Mahanta Transcripts, Book 5.
103. *The Book of ECK Parables*, Volume 3.
     The Dream Master, Mahanta Transcripts, Book 8.

Chapitre dix : Le Voyage de l'Âme

104. *En mon Âme je suis libre.*
105. *The Secret Teachings*, Mahanta Transcripts, Book 3.
106. Ibid.
     The Golden Heart, Mahanta Transcripts, Book 4.
107. Ibid.
     Letters to Gail, Volume III.
108. *The Golden Heart*, Mahanta Transcripts, Book 4.
109. *Cloak of Consciousness*, Mahanta Transcripts, Book 5.
110. *The ECK-Ynari.*
111. *Ask the Master*, Book 1.
112. *Soul Travelers of the Far Country.*
113. *ECKANKAR—La clé des mondes secrets.*
114. Ibid.

Chapitre onze : Rencontrer les Maîtres ECK

115. *Soul Travelers of the Far Country.*
116. Ibid.
117. *ECKANKAR—La clé des mondes secrets.*
118. *Le livre des paraboles ECK*, tome 2.
119. *Cloak of Consciousness*, Mahanta Transcripts, Book 5.
120. *Le carnet de notes spirituel.*
121. *The Golden Heart*, Mahanta Transcripts, Book 4.

Chapitre douze : Les exercices spirituels ECK en cas de pépin

122. *Ask the Master*, Book 1.
123. *Ask the Master*, Book 2.
     The Secret Teachings, Mahanta Transcripts, Book 3.
124. *The Golden Heart*, Mahanta Transcripts, Book 4.
125. Ibid.
126. *Le livre des paraboles ECK*, tome 2.
     Journey of Soul, Mahanta Transcripts, Book 1.

Bibliographie

127. *La flûte de Dieu.*
128. *The Golden Heart*, Mahanta Transcripts, Book 4.
129. *Journey of Soul*, Mahanta Transcripts, Book 1.
     The Living Word.
130. *Journey of Soul*, Mahanta Transcripts, Book 1.
     The Golden Heart, Mahanta Transcripts, Book 4.
131. *How to Find God*, Mahanta Transcripts, Book 2.
     Unlocking the Puzzle Box, Mahanta Transcripts, Book 6.
     The H.I. Letter, hiver 1989.
     The H.I. Letter, printemps 1991.

Pour une étude plus approfondie d'Eckankar, la religion de la Lumière et du Son de Dieu

Pourquoi êtes-vous aussi important aux yeux de Dieu que n'importe quel célèbre chef d'État, prêtre, pasteur ou saint ?

- Quels sont les desseins de Dieu sur votre vie ?
- Pourquoi la volonté de Dieu semble-t-elle si imprévisible ?
- Pourquoi parlez-vous avec Dieu, mais ne pratiquez aucune religion ?

Eckankar peut vous montrer que Dieu ne porte pas une attention toute spéciale uniquement aux saints bien connus, mais à chacun de nous. En fait, à tous ceux qui s'ouvrent à l'Esprit divin, la Lumière et le Son de Dieu.

Beaucoup veulent connaître les secrets de la vie et de la mort. Pour répondre à ce besoin, des séries de discours mensuels ont été écrites par Sri Harold Klemp, l'actuel chef spirituel d'Eckankar, et Paul Twitchell, le fondateur d'Eckankar à l'époque moderne. Dans ces discours sont expliqués les exercices spirituels ECK, visant à guider l'Âme sur une voie directe jusqu'à Dieu.

Ceux qui désirent étudier Eckankar peuvent recevoir ces discours. Les discours mensuels comprennent des exercices spirituels décrits point par point.

L'adhésion à Eckankar comporte :

1. Douze discours mensuels qui vous informent sur l'Âme, sur le but spirituel de vos rêves, sur les techniques du Voyage de l'Âme et sur les moyens d'établir une relation personnelle avec l'Esprit. Vous pouvez étudier les discours soit chez vous, soit en classe avec d'autres personnes.

2. Le *Mystic World,* un bulletin trimestriel contenant une Note de Sagesse et des articles du Maître ECK Vivant. On y trouve aussi des lettres et des articles écrits par des disciples d'Eckankar de différents endroits du monde. (Une version française intégrale est offerte par abonnement distinct. Des informations à cet égard vous sont envoyées si vous indiquez dans votre demande d'adhésion que vous parlez français.)

3. Des publipostages spéciaux annonçant les prochains séminaires et activités d'Eckankar ici et là dans le monde, le nouveau matériel d'étude offert par Eckankar, etc.

4. L'occasion de participer à des classes ECK-Satsangs et à des discussions sur des livres ECK, avec d'autres personnes de votre localité.

5. L'admissibilité à l'initiation.

6. La possibilité d'assister à des réunions réservées aux membres d'Eckankar, lors des séminaires ECK.

Pour en savoir plus

Pour adhérer à Eckankar au moyen d'une carte de crédit (ou pour recevoir une brochure gratuite sur l'adhésion), veuillez téléphoner au (612) 544-0066 (service offert en anglais seulement), du lundi au vendredi, entre 8 h et 17 h, heure centrale, ou écrire à Eckankar, Att.: Information, P.O. Box 27300, Minneapolis, MN 55427, U.S.A.

Livres d'introduction à Eckankar

ECKANKAR, une sagesse ancienne pour aujourd'hui

Êtes-vous parmi les milliers de personnes à qui Dieu s'est manifesté par une expérience spirituelle marquante ? Ce petit livre d'introduction vous montrera que Dieu vous parle au moyen des rêves, du Voyage de l'Âme et des réminiscences de vies passées. Un texte divertissant et de lecture facile pour s'initier à Eckankar. Il peut vous ouvrir des horizons nouveaux sur votre vie spirituelle.

Le livre des paraboles ECK, tome 1
Harold Klemp

Apprenez à trouver le contentement spirituel dans la vie de tous les jours, grâce à cette série d'histoires de lecture facile, au nombre de près d'une centaine, racontées par le chef spirituel d'Eckankar, Sri Harold Klemp. Ces paraboles révèlent les secrets du Voyage de l'Âme, des rêves, du karma, de la santé, de la réincarnation et, par-dessus tout, de l'initiation au Son et à la Lumière de Dieu, à l'aide de situations journalières à la portée de tous.

Le vent du changement
Harold Klemp

Quelles sont les raisons spirituelles profondes de chaque événement de votre vie ? À l'aide d'illustrations tirées d'une vie entière d'apprentissage, le chef spirituel d'Eckankar vous montre comment utiliser le pouvoir de l'Esprit pour découvrir ces raisons. Suivez-le depuis la ferme familiale du Wisconsin jusqu'à une base militaire au Japon ; ou à partir d'une situation de travail au Texas, accompagnez-le jusque dans les royaumes de l'au-delà, alors qu'il partage avec le lecteur les secrets d'Eckankar.

La parole de vie, tome 2
Harold Klemp

L'un des aspects les plus fascinants des enseignements ECK consiste à découvrir et à reconnaître que chacun est l'architecte de son destin. Nous apprenons à discerner nos expériences de contact spirituel et nous prenons conscience de l'action dynamique et féconde de l'Esprit saint dans notre vie. Constituée de textes écrits par Sri Harold dans *Le Monde Mystique* et le *ECKANKAR Journal,* cette anthologie captivante illustre, par des histoires et des techniques variées, la façon d'organiser et d'actualiser notre croissance spirituelle.

Pour obtenir un service plus rapide, composez le (612) 544-0066 (service offert en anglais seulement), en semaine, entre 8 h et 17 h (heure centrale des États-Unis). Ce numéro de téléphone vous permet de commander des livres avec votre carte de crédit. Vous pouvez aussi écrire à **ECKANKAR, Att: Information, P.O. Box 27300, Minneapolis, MN 55427 U.S.A.**

Il y a peut-être un groupe d'étude d'Eckankar près de chez vous

Eckankar offre au chercheur en spiritualité une variété d'activités locales et internationales. Avec ses centaines de groupes d'étude répartis dans le monde, Eckankar est à proximité de chez vous. Nombre de régions ont des centres Eckankar où vous pouvez parcourir les livres dans une atmosphère paisible et détendue, causer avec des personnes également intéressées par cet ancien enseignement, assister à des classes de discussion naissantes où l'on apprend à développer les attributs de l'Âme : sagesse, pouvoir, amour et liberté.

Dans les différentes parties du monde, les groupes d'étude d'Eckankar tiennent des séminaires spéciaux d'un jour ou d'un week-end sur les enseignements de base d'Eckankar. Consultez l'annuaire téléphonique au nom **Eckankar**, ou bien téléphonez ☎ au **(612) 544-0066** (service offert en anglais seulement) pour tout renseignement concernant les modalités d'adhésion et l'adresse du centre Eckankar ou du groupe d'étude le plus près de chez vous. Vous pouvez également écrire à l'adresse suivante : **ECKANKAR, Att: Information, P.O. Box 27300, Minneapolis, MN 55427 U.S.A.**

☐ Veuillez m'envoyer des renseignements sur le groupe d'étude ou de discussion d'Eckankar le plus proche, dans ma région.

☐ Veuillez m'envoyer de plus amples renseignements sur l'adhésion à Eckankar, qui donne droit à une étude spirituelle répartie sur douze mois.

Veuillez écrire à la machine ou en lettres d'imprimerie. 943

Nom _____
      (prénom)   (nom de famille)

Rue _____ App. n° _____

Ville _____ Province ou Département _____

Code postal _____ Pays _____

Notice biographique

Natif du Wisconsin, Sri Harold Klemp y a grandi dans la petite ferme familiale. Après avoir fréquenté les classes primaires à niveaux multiples de sa campagne natale, il a fait son secondaire à un pensionnat religieux de Milwaukee, dans le même état. Il a ensuite poursuivi ses études préparatoires au pastorat, à Milwaukee et Fort Wayne, après quoi il s'est engagé dans l'aviation militaire des États-Unis. Puis il a reçu une formation en linguistique à l'université de l'Indiana et suivi un stage d'opérateur radio d'interception à la base aérienne Goodfellow, au Texas. Il a finalement séjourné deux ans au Japon où il a eu son premier contact avec Eckankar.

En octobre 1981, il devenait le chef spirituel d'Eckankar, la religion de la Lumière et du Son de Dieu. D'où son titre officiel qui se formule ainsi : Sri Harold Klemp, le Mahanta, le Maître ECK Vivant. En sa qualité de Maître ECK Vivant, il lui incombe d'assurer le développement continu des enseignements d'Eckankar.

Harold Klemp a pour mission d'aider les gens à trouver le chemin du retour à Dieu dès la vie présente. Ses voyages le conduisent en Amérique du Nord, en Europe et dans le Pacifique Sud pour y participer à différents séminaires ECK. Il a également visité l'Afrique et plusieurs pays du monde afin de rencontrer les chercheurs en spiritualité et de les inspirer par ses causeries. Parmi ses conférences publiques, beaucoup sont offertes sur cassettes vidéo et audio.

Ce qui prédomine dans ses paroles et ses écrits, c'est son sens de l'humour et sa façon pragmatique d'aborder la spiritualité. Grâce à ces qualités, maintes personnes de toutes nationalités ont pu trouver la vérité dans leur vécu et accéder à plus de liberté intérieure, de sagesse et d'amour.

International Who's Who of Intellectuals
Neuvième édition

Extrait de *International Who's Who of Intellectuals, Ninth Edition*, Copyright 1992 par Melrose Press Ltd. et reproduit avec la permission de Melrose Press Ltd., Cambridge, Grande-Bretagne.